ISBN 978-0-282-28408-4
PIBN 10567626

1 MONTH OF
FREE
READING

at

www.ForgottenBooks.com

By purchasing this book you are eligible for one month membership to ForgottenBooks.com, giving you unlimited access to our entire collection of over 700,000 titles via our web site and mobile apps.

To claim your free month visit: www.forgottenbooks.com/free567626

English
Français
Deutsche
Italiano
Español
Português

www.forgottenbooks.com

Mythology Photography **Fiction**
Fishing Christianity **Art** Cooking
Essays Buddhism Freemasonry
Medicine **Biology** Music **Ancient
Egypt** Evolution Carpentry Physics
Dance Geology **Mathematics** Fitness
Shakespeare **Folklore** Yoga Marketing
Confidence Immortality Biographies
Poetry **Psychology** Witchcraft
Electronics Chemistry History **Law**
Accounting **Philosophy** Anthropology
Alchemy Drama Quantum Mechanics
Atheism Sexual Health **Ancient History**
Entrepreneurship Languages Sport
Paleontology Needlework Islam
Metaphysics Investment Archaeology
Parenting Statistics Criminology
Motivational

DEL ROSAL PENSANTE

OBRAS DE VARGAS VILA

HISTORIA

Los Divinos y los Humanos.   La República Romana.
Los Césares de la Decadencia. Políticas é Históricas.

POLÍTICA

Verbo de Admonición y de Laureles Rojos.
  Combate.   En las Zarzas del Oreb.

ARTE

Prosas Laudes.   Ars Verba.

ESTETICA Y FILOSOFÍA

El Ritmo de la Vida.   Huerto Agnóstico.
Archipiélago sonoro.   Del Rosal Pensante

NOVELAS

Aura.   Los Parías.
Lo Irreparable.   El Alma de los Lirios.
Emma.   La Simiente.
Flor del Fango.   El Camino del Triunfo.
Ibis.   La Conquista de Bizanc
Las Rosas de la Tarde.   Páginas Escogidas.
Alba Roja.

CUENTOS

Copos de Espuma.

ESTUDIOS LITERARIOS

De sus Lises y de sus Rosas.

PARA PRENSAS

Al pie de la Esfinge.   Historia de mis Libros (1
Pretéritas.   El Último Caudillo.
Antes del Último Sueño.   Vides del Atica.
Horas Turbadas y Serenas.   Por los Caminos de la A
Carpe Diem.   Agonía de dioses.
Mis Libelos.   Diario espiritual.

EN PREPARACIÓN

Roma Imperial.   Alma de César.

VARGAS VILA

---

el Rosal Pensante

LIBRERÍA DE LA Vᴰᵃ DE CH. BOURET

PARIS
23, rue Visconti, 23

MÉXICO
Avenida Cinco de Mayo, 45

1914

Propiedad del Editor.

DEL ROSAL PENSANTE

El cadáver de Dios, es demasiado grande y, cuando lo arrojamos de nuestro corazón en el mar tormentoso de la Duda, hace un oleaje tan estrepitoso, que su eco asorda muchos años de nuestra Vida;

y, todavía, de vez en cuando, el Gran Náufrago, asoma en el horizonte su cabeza formidable, privada de aureolas...

el antiguo Leviatán debió ser un dios, rebelde a morir;

¿de cuál rebelde corazón fué arrojado?

tal vez del corazón de otro Dios...

¿qué ateo no ha sentido en sus noches, el cadáver de Dios. que se acerca a él, en la sombra, diciéndole dulcemente :

— ¿Por qué me has matado?

— Porque tú no eras la Verdad.

— Pero, soy la Esperanza...

y, el corazón despierta de su sueño, torturado de Angustia;

porque no hay nada más triste que un corazón sin Esperanza...

el *Surge et ambula*, que el Cristo pronunció sobre la tumba de Lázaro, no tiene la Virtud del Milagro, dicha sobre la tumba de Dios...

según la Leyenda, Dios, pudo resucitar al Hombre;

¿por qué el Hombre, no puede resucitar a Dios?

acaso porque matando a Dios, mató el Milagro...

y, agotadas las fuentes de la Mentira ¿dónde podría anidarse el Espíritu de Dios?

en el fondo de todo Ateo, hubo sin duda un espíritu religioso, que fué profundamente desilusionado;

negar a Dios, es salir de todas las Religiones y entrar en la única Religión : la de la Nada...

he ahí por dónde el Ateísmo, es una forma de Misticismo; el Misticismo solitario, de aquel que no *puede creer*, y, *ama* el Misterio;

de todas las formas de Probidad Mental, el
Ateísmo, es, sin duda, la más sincera, y la
única tal vez.

————————

La Duda, no se decreta : la Duda nace ;
su aparición, se anuncia, con un fragor de
derrumbamientos...

¿quién, no ha temblado sintiéndose próximo
a aquel mar tenebroso, donde naufraga todo ?

detenidos en sus, riberas después de haber
arrojado en sus ondas tumultuosas las estatuas
de nuestros dioses, y, el oro virgen de nuestras
últimas creencias, lo miramos con una engañosa
Serenidad, y, entramos en él, llevando en nues-
tro corazón todas sus borrascas.

y, emprendemos el viaje por sus soledades
sin riberas. .

ese viaje que no se acaba nunca, hacia las
playas remotas, que no se tocan jamás...

Canta el Mar sobre las costas y, en sus vastas soledades, y en las landas taciturnas, y, en las rocas solitarias, la canción de sus furores, y, el Misterio de su Alma;

y, ese canto, es la Belleza, la Belleza Soberana, la Belleza, que reside en el Alma taciturna, muda y grave de las cosas...

ALMA PARENS;

canta el bosque, en sus penumbras, suavemente perfumadas, bajo el ala silenciosa de la Noche, lenta y grave, como el ala de una inmensa mariposa de oro y nácar, que bajara de los cielos;

canta el bosque su plegaria, como un viejo cenobita, que de lo alto de su roca, en la Noche, honda y, callada, y, a la luz de alguna antorcha, su Breviario repasara;

canta el bosque las canciones de las flores y, las alas, y, en su voz cantan los ríos, y, sollozan las montañas...

y, ese canto, es la Belleza, la Belleza Soberana, que en el *Alma de las cosas*, vive y canta...

y, en la rosa que se abre suavemente, castamente, en la pálida penumbra de un jardin ;

y, en el alma de los nardos, que perfuman la hosquedad de los parajes;

y, en los cielos misteriosos donde brillan las estrellas, como rostros de novicias, tras las rejas de algún coro conventual;

y, en los campos taciturnos, en los llanos pensativos, que se duermen al crepúsculo, en la sombra opalescente de un miraje vesperal...

¿que admiráis?

la Belleza ;

la Belleza Soberana ;

la Belleza Misteriosa;

la Belleza, que reside en el alma siempre virgen de las cosas.

———————

Atardece ;

sobre un cielo de alabastro ha muerto el Sol ;

la llanura silenciosa, se hace gris, de un gris oleoso, de sayal;

la montaña, antes azul, se torna en negro, un negro bituminoso, de basalto ;

las múltiples malaquitas verdeocre de los campos, desaparecen;

corre el río, peregrino sobre el valle, murmurando sus canciones a las hojas del camino;

saucedales armoniosos, le dan sombra;

alma errante del paisaje, se diría;

¿es un nardo aquella estrella?

un nardo deshojado en la tiniebla;

canta una ave y, su arpegio, es un sollozo;

el sollozo, misterioso y, armonioso de la Noche;

y, en el seno del Silencio, un Silencio Omnipresente, duerme todo;

lentamente descendéis de la montaña;

¿estáis tristes?

el paisaje os ha infiltrado su tristeza;

la marea creciente de su Melancolía, llena el estuario de vuestro corazón;

¿sollozáis?

es el alma del paisaje que solloza;

en vuestra alma...

con el alma de Lucrecio : la Tristeza de las cosas.

¡Cómo habrá hombre, que a los cincuenta años, tenga aún Ambición de edificar algo?...

el único edificio que ha de albergarnos, no lo levantamos nosotros; son las manos del Sepulturero las que nos abren sus puertas;

y, entramos en él, sin conciencia de los tesoros de Misericordia, que nos aguardan en su seno, y, que la Tierra nos da con abrazarnos.

———

Hay hombres de tal manera ensimismados y, pueriles, que creen, que ellos manejan los acontecimientos, y, son los amos del Tiempo;

tal vez una barca pescadora, cree que es ella, la que dirige el viento que la lleva, y, marca las corrientes del Mar, sobre cuyo oleaje se sostiene;

el Tiempo, es un Tirano, tan sagaz, que permite a sus esclavos, hacerse la Ilusión de dominarlo;

y, no se digna matarlos, sino cuando ellos
creen haberlo ya matado.

————————

Triste destino el de un guerrero que entra en
la tumba; su espada, entra con él; y, todo ha
acabado;

no así, un Pensador;

cuando él, ha entrado en su Sepulcro, su
Pensamiento, sale de él, y brilla sobre él, como
una antorcha... y, gana las batallas, sobre el
Silencio; iluminándolo...

las caravanas de los hombres, se orientan al
resplandor de esa antorcha...

y, el cielo mismo se siente iluminado por su
luz...

su luz, que ha de ser eterna, mientras haya
caravanas errantes, sobre las Soledades del
Mundo.

¿Qué es un pobre corazón envejecido, que no ha amado?

una ruina sin Amo;

¡ bendita sea la Libertad de esa Ruina;

el musgo que la cubre, es sagrado, porque no fué nunca, deshonrado por la Esclavitud...

las plantas del Amor, no se posaron sobre él...

pies ligeros, de Mujer, no hollarán jamás sus flores;

— ¡ Tierra Libre !

————

Siempre es más fácil a los hombres, enviarnos a la Soledad, que sacarnos de ella;

y, eso, porque aun estando en medio de los Hombres, no salimos jamás de nuestra Soledad :

Turris Eburnea.

Soñadores exangües, ya vencidos, sin la
fuerza siquiera de vivir...

¡amantes del Ideal;

¡oh Solitarios!

¿qué esperáis?

contemplando el horizonte, aun esperáis el
Sol del Porvenir?

no lo veréis lucir;

la contemplación del Ideal, quemó vuestras
pupilas;

el Idealismo es una ceguedad.

——— ——

Hay una rara fascinación en todo Ideal que
muere. .

en vano nos inclinamos sobre él, llamándolo
a la Vida, como una madre desesperada sobre
la cuna de su hijo muerto ..

nuestros lamentos no volverán la Vida a nin-
guno de los dos ;

¡felices ellos!

———

Solo en el Seno de la Muerte, el Ideal conserva
toda su Pureza y, el niño toda su Inocencia;
vivir es prostituirse ;
la Vida mancha.

———

La gracia y, la desgracia, de ciertos escritores,
netamente contemplativos como Amiel, les vie-
nen de la inercia de su vida, y, de que la nece-
sidad, la cruel y brutal necesidad, no los lanzó
a la lucha, a la implacable y terrible lucha por
la vida;

ellos ignoraron, el esfuerzo, el heroico y,
tumultuoso *struggle for live...*

ricos, ociosos, exquisitos, se reconcentraron

en sí mismos, y, tuvieron el tiempo de ver vivir
su corazón ..

de ahí su gracia claustral, un poco ascética,
y, sus tristezas turbadoras, de novicias;

feliz estado de alma, que yo, no he conocido;

el Destino no me ha dejado tiempo de dete-
nerme un instante a mirar mi corazón...

la fiera, acosada por la jauría, no tiene tiempo
de detenerse a contemplarse en el arroyo que
atraviesa y, que la sangre de sus flancos hace
rojo...

———

La gracia póstuma, que vemos en el rostro de
ciertos amores, es la Muerte, quien se la da;

si viviesen, serían un vulgar Amor, uno de
estos que vivimos todos los días, y, los cuales,
acariciamos con nuestras manos, a falta de
poder abofetearlos.

Un gran Carácter, es decir, un grande Hombre, no siente toda la magnitud de su Grandeza, sino frente a la magnitud de su Dolor.

———

¿ La Religión?
el primer deber del Hombre, es, olvidarla

———

¿ Saber vivir ?... ese es el arte de saberse envilecer.

———

No es difícil hacer entrar en nosotros una Idea, lo que es imposible, es, expulsarla luego...

No tratéis de·conocer a fondo las mujeres;

su fuerza está en el velo de Ilusión que las envuelve...

¿qué haríais de una mariposa después que le habéis quitado las alas?

———————

Los hombres que han hecho de la Corrupción Política un dogma, no perdonan nunca, a ese cismático Solitario que se llama : un Hombre Honrado ;

recluído en la torre del Aislamiento, lo condenan como a Ugolino, a devorar sus propios hijos, mientras ellos devoran los hijos de los otros.

Entrar en el libro de un Hombre de Genio, es
entrar en el reino de las tempestades;

necesario es tener el hábito y el secreto de
las tormentas y del Abismo... Sin él no hay
orientación posible;

de ahí que los que fracasan intentando leer
un autor de Genio, se complazcan en decir que
el Genio, ha fracasado... ante ellos...

el naufragio de una galera en una cloaca.

———————

La Distinción, esa aristocrática y, delicada
flor, de los jardines de la Elegancia, que nace
con ciertos hombres y perfuma su juventud, se
hace en la vejez, aun más bella, con una be-
lleza de rosa doliente, que perfuma los silencios
otoñales de un jardin;

un hombre de edad, que tiene distinción, se

alza en los salones, mil codos, por sobre un hombre joven que no tiene sino belleza ;

las mujeres gustan de la distinción de un hombre de edad, y, gustan de aspirar, el perfume aun exquisito de esa flor ya mustia, que tiende a hacerse inofensiva, sin perjuicio de decidirse siempre, por la belleza sin distinción, que a causa de ser ofensiva, les es siempre más deseable.

¿qué queréis?

en el fondo de toda mujer, hay una amazona, pronta a las lides del Amor : siempre invencible.

El Genio del Amor, tiene una venda ;

el Amor del Genio, tiene los ojos abiertos, como una águila que mira el Sol.

El bronce de que está formada la efigie de nuestra Gloria, es hecho de fango y, sol.

nuestros enemigos, dieron con el fango de sus diatribas, el mejor contingente a esta amalgama.

————

La Misantropía, es la rosa más alta y más esquiva de los rosales del Orgullo; ella no ha abierto nunca sus pétalos taciturnos, en los jardines frondosos de la Necedad;

.es en el huerto cerrado del Genio, que ella abre su corola tenebrosa y, vierte su tesoro de perfumes...

melancólica, enhiesta y solitaria.

Lo que caracteriza al Genio, es, la Libertad ;
un Genio, encadenado á un Prejuicio, no es
un Genio ; es un esclavo.

———

La Celebridad, tiene de horroroso, que no se
puede andar sin ver adelante de Sí, su propia
sombra ;
no se debería salir de Sí Mismo ;
exteriorizarse, es, esclavizarse.

———

Para ciertas almas semitas, de una platitud
desesperante, un Genio que no se ha enrique-
cido, no alcanza a ser un Genio ;

para esos descendientes de Sylok, el Supremo
Genio, como Escritor, sería el Herodes de Ste-
phen Philip, que pensaba en palabras de oro,
y, soñaba en palabras de plata ;...

un ídolo para la Sinagoga de Max Nordau.

El Buen Gusto, es una flor de Exquisitez, que
no nace sino en los jardines delicados de las al-
mas de un gran refinamiento ;

es una rosa de Distinción, hecha de mesura
y, de armonía ;

el Lujo, es, el antipoda del Buen Gusto ;

el Buen Gusto, es el hijo de la Elegancia y,
de la Simplicidad ;

el Lujo, es el hijo del Dinero y de la Vulgä-
ridad.

Es tal vez, el más heroico esfuerzo del patriotismo continuar en amar su Patria, viéndose obligado a vivir entre. sus compatriotas.

hay almas tan altas, que para amar su Patria, han renunciado a ella;

———

En la sombra grave y, fría, de las vastas catedrales, donde ojivas misteriosas filtran una luz muy tenue, y, en los altos capiteles y, las volutas doradas, floraciones de rosales os ofrecen su marmórea resistencia; y, desfloran la tiniebla de las góticas Capillas los enhiestos resplandores de los cirios; se deshojan los silencios en la atmósfera callada; y, los ojos de los Cristos, con exangües palideces os contemplan; y, las manos de azucenas de las cándidas Madonas, extendidas en la sombra, os ofrecen bendiciones, lentamente, ¿ no sentís cómo despiertan en vuestra alma, olvidadas sensaciones, de otros tiempos muy remotos?...

y, las manos invisibles de la Madre, acarician el cadáver de la Fe...

yo, no siento en los templos solitarios, sino el éxtasis lírico del Arte ;

de las ruinas más tristes es sin duda, la del templo de un dios, en quien no creemos ;

ese templo, es la montaña devastada; el huracán pasó por ella, y, con sus alas de fuego aventó lejos, los ídolos, y, el ara y, el altar... y, hasta el alma del órgano sonoro, voló **por** los espacios pensativa...

Sentados sobre los escombros de ese templo ¿ no sentís algo que se mueve bajo vuestros pies?... es el Dios sepultado que aun se agita y pide ser salvado por la Fe ;

¿ tendréis Piedad de Dios ?

moriréis de esa Piedad.

Yo, no amo la Estética de Ruskin;

¿por qué?

porque yo, detesto todas las formas de la Esclavitud, y, la Estética de Ruskin, es una Estética para esclavos;

y, ¿cómo no serlo, una Estética, que se hermana con la Ética, hasta fundirse en ella, y, predica, con el más vil de todos los cultos, el de la Tradición, la más abyecta de todas las virtudes, la Obediencia?

la Obediencia, es una virtud de siervos;

y, el Apostolado de la Obediencia, es, un Apostolado de lacayos;

leed a Ruskin desde sus « Moderns Peintrs », a « Stone of Venise », y de estas a « Sesamó », y la « Bible d'Amiens », ¿ qué encontráis en todos sus libros de Arte? la prédica de la Tradición, de la Imitación, de la Copia servil de la Naturaleza; la mecanización absurda del Arte, fuera de todo Genio;

y, ¡qué prurito de la Moral!... leed las Piedras de Venecia;...

esas pobres piedras lloran de verse obligadas
a lapidar la Estética, en nombre de la Ética;

pero, ¿qué queréis?

en el alma de Ruskin, como en el alma de
todo sajón, existía la de un Pastor protestante:
estrecha, autoritaria y, sectaria;

en todo hombre de esa raza, hay el alma de
un *clergyman;* esclava, como toda alma reli-
giosa; su sueño, es practicar la Obediencia
hasta la Servidumbre, e imponerla a los otros,
hasta la Tiranía;

Ruskin, era, en el fondo, un Místico, pero, no
seráfico y asisiano, sino retórico y agresivo,
que predicaba una Estética de *by Stick,* antes
que charlatanes a lo Roosevelt, aplicasen este
método persuasivo a una política de jayanes;

me explico por el contagio, el naturismo rou-
seauniano, mórbido y, cuasi vicioso, que im-
pregna la Obra de Ruskin, pero, no perdono su
puritanismo estrecho y, rencoroso, no compara-
ble, sino a la rabia escita, de ese mongol, visio-
nario y luminoso, que fué el Conde de Tolstoy;

el culto a la Naturaleza, tiene en Ruskin, algo
de helénico, que lo hace bello y ostentoso como
una puesta de sol, tras de los mares jónicos;

su paganismo sacerdotal, cuasi panteísta en ocasiones, se siente estrangulado por su misti-.cismo sajón, imperativo y, brumoso ; ¿oís cómo llama las virtudes del color?... *Santida-des...* talmente su lenguaje, es, de una inspiración claustral ;

la obsesión de las cosas eternas, es decir de lo Inconocible, es tan persistente y, tan vital en él, que quiere hacer de la Pintura, una imitación servil de la Naturaleza, solo porque imitando la Naturaleza, se puede hacer del Arte, *un espejo de Dios;*

no riáis ;

Dios, es, otra Obsesión, cristalizada en Ruskin ; lo ve por todas partes, con una persistencia de alucinado ;

su Estética, es una Teología del Arte ;

de su Ética, no hablemos ;

eso, desborda en el Ridículo...

¿su Política? un fracaso, desde el « Munera Pulvis » hasta « Unto this Cast ».

¿por qué?

porque Esteta Teólogo, y, Socialista lírico, ensayó llevar a la Política, su aristotelismo deista, y, no intentó libertar las multitudes,

sino para imponerles una más férrea disciplina:
la disciplina de Dios;

¿fué Ruskin, un Reformador? incompleto,
fragmentario, sí lo fué;

su Estética, fué para el marasmo artístico de
aquellos tiempos, una llamada a la guerra, un
toque de batalla, contra la sacra vetustez del
clasicismo, imperante entonces, con absoluto
Imperio;

agresivo, despreciativo, violento, Ruskin tuvo
la sed de proselitismo, el ardor de Innovación,
de los grandes destructores, y su fuerza, resi-
dió, como la de todo gran Apóstol, en su pa-
sión, una pasión dominadora de Iluminado y
de Profeta;

¿por qué fracasó?

porque fué el prisionero de Dios y de su Raza;

ningún sajón libertará al mundo;

y, el Mundo, con Dios, nunca será libre;

¿qué sobrevivirá a Ruskin?

su *Genio;*

el artista maravilloso, y, el Escritor prodi-
gioso que había en él;

las más bellas páginas de Arte, él, las ha es-
crito;

su prosa matizada, rimada, perfumada de
Belleza y, de antigüedad, es tal vez, la más
bella, si no la más original que se haya escrito,
en aquella lengua y aquel siglo, en que escribie-
ron Carlyle, y, Emerson. Sheley, y Sheridan, y,
aquel mago rutilante que fué George Mere-
dith ;

quitad a Dios, de la Estética de Ruskin, su-
primid, el Mito hilarizante de la Ética, y, la
fuente de la Libertad, surgiria de esa selva pro-
digiosa estremecida de Misterio ;

porque si la Estética es la Religión de la Be-
lleza, la Libertad, es el alma de la Belleza
misma ;

el Arte esclavo, no es un Arte, es un Oficio ;

los esclavos de Augusto lo tuvieron ;

y, las legiones de siervos faraonidas levanta-
ron en el desierto las pirámides ;

el rostro duro y, estúpido de las esfinges, re-
vela bien el alma de ese arte anónimo, que ama-
sado con lágrimas, no es la expresión de un
Arte, sino de un Vicio ;

el Vicio que deshonra por igual, a aquel que
lo impone y, a aquel que lo sufre : la Escla-
vitud ;

los hombres y, los pueblos esclavos, pueden
entrar en todo, hasta en la Muerte;

pero, no entrarán nunca en el Arte.

El histrionismo de Salón, es el más ridículo,
sin dejar de ser siempre el más agresivo ;

en presencia de un gracioso de Salón, no des-
nudéis jamás vuestra mano, pues tendréis
acaso que deshonrarla, poniéndosela en el
rostro...

conservad vuestro guante; y, si héris con él,
al bufón alfeñicado, no habréis hecho sino aca-
riciarlo con la piel de uno de sus semejantes,
sin deshonrar la vuestra.

Yo, he tenido siempre, un respeto enorme, unido a una enorme Piedad, por esos seres de Ternura y de Tristeza, que la vulgaridad del mundo, llama : solteronas ;

el Solterismo es´una Maternidad fracasada, que inspira lástima ;

ese rosal que no floreció, se inclina tristemente hacia la tumba, a falta de una cuna qué cubrir ;

¡pobre rosal, que la Naturaleza había hecho apto para florecer, y, las manos bárbaras de la Sociedad, lo hicieron estéril ;

la ley, la horrible ley, del Matrimonio, mutiló el rosal enamorado y, lo mató...

la sangre de tanto corazón martirizado, no ahogará un día la infame ley social ?

yo veo por todas partes, almas que dicen tener el Amor de la Libertad, y, no hacen nada por obtener la Libertad del Amor...

¿es eso ser libres ?

La Felicidad, no existe para nosotros, sino en forma de Dolor, es decir, de privación de ella ;

desde que la poseemos, ya no es la Felicidad, es, el Hastío ;

———————

¿ Por dónde el calofrío de Job, en presencia de lo Infinito, confina con el de Hamlet, en presencia del Misterio?

ambos son, el Pavor de lo Desconocido ;

sobre el estercolero de Idumea, como sobre la colina de Elsinor, cae el rayo del mismo Sol, el del Misterio ;

el mismo estremecimiento de la larva sobre el versátil polvo de la Tierra.

Nuestra alma, es decir nuestro Pensamiento, después que ha volado mucho, y vuelve dentro de nosotros mismos, se siente inquieto, porque el nido es muy pequeño, y, le sobra la mitad de las alas;

he ahí por qué parte tan pronto a nuevos vuelos...

———————

¡Quién pudiera expresar lo que decían en sus blancos silencios, esas manos!

manos tenues, manos graves, manos suaves; luminosas como un astro;

blancas manos de alabastro, que en mi frente os posabais cuando niño; el armiño de vuestra frágil vestidura, aun perdura, como nube de algún ámbar extrahumano, proyectada en la tristeza de mi alma;

cada una de esas manos, fué, en mi cuna, como una tenue ala cariñosa; una rosa, a cuya sombra me dormía;

¡oh Madre mía!

de tus manos, los arcanos, descendieron hasta mí;

y, yo, fuí;

por el Santo Misterio de esas manos.

En el sueño estéril del Deseo, Ovidio soñaba con la Inmortalidad;

exule entre los bárbaros, el Poeta, fulminado por el César, ¿qué podía hacer?

desterrado de entre los hombres, ¿con qué mejor soñar que con los dioses?

¡ah! quién tuviera un dios, para soñar con él!

Corromper a los otros por la servidumbre, no disminuye su propia corrupción; y sólo añade un título más al desprecio de la Historia;

los vicios de Geroboán se extendieron a sus vasallos; y esa lepra no se hizo púrpura por haber devorado por igual, al Amo y a los siervos.

Tener cómplices aumenta el número de los criminales, pero, no disminuye el Crimen;

no fué menos vil Nerón, por haber hecho a Séneca, el cómplice de sus crímenes;

no hizo sino añadir la Filosofía al Delito; y prostituirlos ambos.

Bajo la influencia de ciertos sentimientos, en ciertas horas de infinita melancolía, nos sentimos en tan perfecta armonía con la Naturaleza, tan cerca del alma hermana de las cosas, que casi nos sentimos diluir y desaparecer en ella...

es una llamada maternal, que nos viene de la Tierra, la Madre abandonada, cuyo vientre fecundo queremos olvidar, y, que nos llama con la más honda voz de sus entrañas;

la Vida, es, una rebelión de la Naturaleza ; una Inarmonia.

Las influencias ambientes, se imponen o se sufren ;

el tipo se impone al medio, o el medio devora al tipo ;

no pueden coexistir, como entidades iguales

de ahí que toda Sociedad. sea un gran vien-
tre, donde se pudren, todos los tipos devorados
por ella ;

los ásimilables ;

materia para estiércol.

———————

Amarlo todo, pero, no amar *apasionadamente,*
nada, ese es el diletante ;

los espíritus grandes y profundos, no aman
tal vez sino una sola cosa, pero, la aman tan
apasionada, tan exclusivamente, que con ella,
trasforman el mundo ; y, se trasforman ;

aquel que finge amarlo todo, es porque no
ama nada ;

y, el que cree comprenderlo todo, apenas si
tiene comprensión.

¿A qué agitar tanto tiempo una bandera, en
la cumbre cuando ya los hombres la han aban-
donado?

de una bandera traicionada, no puede hacerse,
sino un sudario, para el último sobreviviente,
que no quiso rendirla en la batalla, ni abando-
narla cobardemente én la derrota.

¡Oh mi bandera!

¡Oh mi sudario!

Cuando el Orgullo, precede a la Obra, puede
hacer reir, pero, hace esperar;...

tal vez ese Hombre, va a decir algo nuevo
sobre la Tierra;

cuando el Orgullo, sigue a la Obra, hace llo-
rar... ¿cómo es posible que un Hombre se enor-
gullezca de haber creado algo sobre la Tierra?

copiar el rostro de la Esfinge...

vano sueño del Hombre que cree haber dado un nuevo rostro a la Eternidad...

———————

¿Por qué el Amor, nace tan dulce y, se hace luego tan feroz?

¿por qué nos acaricia, primero, y, nos devora después?

———————

Solo hay un Hombre que no cambia nunca; aquel que no ha vivido jamás.

Toda Idolatría, indica la necesidad de un altar;

he ahí, porqué nuestra alma es un templo en ruinas, lleno del polvo de las adoraciones;

¡cuántos altares derruídos! ¡cuántos ídolos volcados!...

y, nosotros, cansados de vivir...

cansados de adorar...

¿qué somos?

un puñado de polvo, sobre el polvo...

————————

Aquel que ama la Multitud, aspira a volver a ella, o no ha salido de ella jamás.

Lo que distingue a la Multitud, es, el Irres-
peto ;

la Multitud, no respeta sino la Fuerza ;

el Respeto, en la multitud, se llama : Miedo.

―――――

La Amistad, es un engaño cariñoso, que
como todos los engaños amables, debemos tra-
tar de prolongar, pero, a condición de saber
que es un Engaño.

―――――

Tened presente, que vuestro amigo de hoy,
ha de ser vuestro enemigo de mañana ;

si tenéis lepras, en el alma o en el cuerpo, no os desnudéis en presencia de vuestro amigo, si no queréis que el mundo sepa que sois lepro-sos.

Cuando estéis convencidos de esta gran Verdad, que : *un amigo intimo, no es sino un enemigo próximo*, ya no tendréis con vuestro amigo, otro grado de intimidad, que el que se puede tener con la enemistad.

Ningún amigo nos traiciona;
somos nosotros, los que nos traicionamos, entregándonos a nuestros amigos.

¿Sabéis por qué los hombres aborrecen tánto a Judas ?

porque todos han sentido su beso en las mejillas ; y, todos lo han ensayado en las mejillas de los otros ;

todos los hombres, han sido cuando menos una vez en su Vida, Cristos traicionados, y otra vez, Judas traidores.

———————

Ser grande... eso, atrae el Odio de los mediocres ;

pero, ser, enorme... eso atrae el Odio de todos.

¿Qué valen las tragedias del corazón, morbo-
sas y, pasionales, junto a las tragedias de la
Inteligencia, a esas grandes borrascas cere-
brales, que sólo asaltan a los grandes nautas
del Pensamiento, aventurados y desamparados,
en la tiniebla infinita de los mares de la Idea?

———

Los Apotegmas de Diógenes Laërcio, en la
« Vida de Aristipo »;

esa teoría augusta de la Delectación Espiri-
tual;·

he ahí los que deben ser la Biblia y, el Bre-
viario, de un Esteta;

el Esteta, es un gran Señor del Intelecto, un
Refinado, de exótica y, exquisita Mentalidad,
un voluntario del Pensamiento y del Arte, que
gusta del juego atrevido de las Ideas, del vino

delicioso de las Paradojas, de la íridescencia
fastuosa de las Imágenes, de la policromia can-
tante de las Palabras, que busca y sabe hallar
la maravilla del *momento estético*, en todas las
cosas de la Vida, y, sabe gozarlo con Delecta-
ción ;

el ESTETA, es un Asceta Espiritual, grave y
severo, lleno de una inquietud mental, triste y
profunda; un Cenobita de su *Yo* espiritual,
ansioso de excrutar, sus propias Ideas y, sus
propias Sensaciones, y, de verificar constante-
mente el control de su Vida Interior, llena de ra-
diosas suntuosidades y, fúlgidas evanescencias;

el ESTETA, es, el buscador infatigable, de una
Realidad profunda, más allá de los limbos fasci-
nantes del Misterio, donde bullen todas las imá-
genes latentes y, larvadas de la Vida, en un
perpetuo desplegar de alas ;...

el ESTETA, es una alma de Contemplación, y,
de Adoración de toda forma expresiva de Belleza,
languideciente o florecida en los jardines alu-
cinados donde el Sol de la Muerte, brilla sobre
los horizontes amargos de la Esperanza Hu-
mana ;

el ESTETA, es uno como león sitibundo, fasci-

nado por la magnificencia de los crepúsculos,
dado a buscar las fuentes recónditas de la
Belleza, en los bosques adónicos del Arte, donde
los árboles, iluminados por un remoto sol de
Antigüedad, semejan los cordajes de un navío
devorado por el fuego ;

la llave de oro de sus teorías de Arte, que
brilla en sus manos prismáticas, como el ala
vibrante de una águila solar, prisionera del
Genio, sírvele para abrir la puerta de las Enso-
ñaciones, tras de la cual se extiende la gran
sombra impenetrada de los Problemas del Espí-
ritu, obscuros y difusos, en la audaz virginidad,
de su oleaje trágico ;

esa llave, no es la del Diletante Épicúreo, an-
sioso de placeres, ebrio del vino vulgar de la
Lujuria, hecho a las primicias frágiles del beso
fugitivo de las carnes ;

no es la llave de un Gineceo, tras de cuya reja,
se abren las bocas como flores, y, brillan los
ojos como astros...

no ;

es la llave de un Templo : el templo del
Ideal ;

el ESTETA, verdadero, es, el EDONICO de Pla-

tón ; el Placer Intelectual, es la suprema culmi-
nación de su Vida, no superada por otra ;

como los Pitagóricos, sus lejanos maestros,
en la difícil ciencia de la Estética Espiritual, él,
se pregunta al aparecer de cada Alba, si tiene la
Conciencia tan inmaculada como los cielos vír-
genes que se extienden sobre su cabeza ; su
cabeza, que es como una armónica flor pen-
sante, que se alza al Sol...

de ahí, su Sed de Perfección y de Refina-
miento, porque la Perfección, es, la aspiración
y el fin de todo Espíritu verdaderamente Eno-
NICO ;

el Sentimiento de la Vida, fundido en el de
las cosas bellas y espirituales que hay en ella,
está de tal manera cristalizado en el ESTETA,
en una Teoría de Belleza, que no puede apar-
tarse de su suntuosidad linearia y rituaria. que
es para él, una especie de Código de la Revela-
ción, sin el cual, el mundo de las Visiones de
lo Inmortal, y lo Divino, permanecería oculto a
sus ojos, huérfanos del maravilloso esplendor
de aquel Éxtasis ;

el ESTETA, no es un escenógrafo arcaico; que
arranca sus porsonajes o sus paisajes, a una

página de Fedon, o sus visiones formidables, a
los antros arminados de Er; es un creador de
visiones tangibles y sensibles; un Iluminado y
un Iluminador, de Imágenes Interiores, vivaces
y visibles; un Amádor (Erastés) de las cosas
ocultas, que viven en el seno tenebroso del
Enigma; un amigo familiar de la Esfinge, reco-
gedor en copas de oro, de la Palabra Sagrada,
que es, la Semilla del Sol; un orfebre psíquico,
hacedor de joyas espirituales, en los talleres
azules del Silencio y de la Meditación; y que sabe
hermanar con la Visión puramente espiritual,
la realidad efectiva de ella, haciéndola intensa
y vibratoria, exasperante hasta la Sensación
Sensual, del organismo; un dialéctico, cuya
alma musical, llega a veces a orquestar, las so-
noras tinieblas de Heráclito;

las tragedias de la Metafísica, son extrañas a
la estabilidad perfecta del alma luminosa de un
ESTETA; la contradicción de lo Real y lo Irreal,
en la esfera de las Ideas, obsesión, puramente
metafísica, no existe para esos espíritus multi-
formes y aliformes, perpetuamente vibrantes,
ajenos a todo vuelo en la Mentira, y, a toda
forma de quietud al pie de la Quimera;

el Estado Ético, no existe, para el espíritu
completo y armonioso de un ESTETA, está fuera
de él, y, vuela sobre él, como sobre todo campo
estéril, a las cosas convencionales;

por los Senderos vírgenes de la Indagación,
el ESTETA, va, en busca, no del goce, sino de la
Sensación Intelectual, con verdadera sed de
Experimentador, de gran Explorador de fuentes
vírgenes;

ni de Fedro, ni de Convivio, platonizantes, y
fiermanos es su teoría; tan lejano está de ellos,
como de Sedenborg, el Visionario, o del pie-
tismo extático de Soërer Kirkegaad;

el estremecimiento ignoto que el Esteta halla,
al hacer sensible todo Símbolo, y tangible toda
Idea de Belleza, en el Zodiaco de sus sensa-
ciones, es glorioso, como un Amor, y, fasci-
nante, como un Ensueño, porque el ESTETA,
verdadero, tiene un sentido nuevo y personal,
para percibir y sentir la Sensación de la Belleza,
a cuyo contacto virgen su poder creador se
centuplica.

todo ESTETA, es un arquitecto de Belleza,
sobre los domos, gematizados de cuyo Estilo,
parece brillar, un sol creado por la mágica

armonía de su palabra; porque todo ESTETA, es un Verbógrafo musical, cuyo lenguaje florecido en flor de Melodía, llena con sus salterios de Salmista, la sonoridad difusa del ambiente; su misma caricia de Profeta, es como una rosa rítmica, prendida a las guirnaldas del Ensueño;

La honda y, lejana dramaturgia de las almas, no es extraña al Espíritu misteriforme y nictalope del ESTETA, vidente hecho a mirar las densas obscuridades, de la Rosa Náutica de la Sicología, donde duermen aún sin luz tantos soles irrevelados;

la fascinación de los grandes Símbolos, es un amor del ESTETA, porque en sus cálices de flores donde parecen dormir los astros, halla el polen inmortal de las Ideas;

un Sacerdocio de Belleza, es la Vida del ESTETA; un ritmo grave y suave que recorre el Zodíaco de las Sensaciones; una Primavera eterna y gloriosa, como el Amor, llena del divino perfume de la Inmortalidad...

es Verdad, que la posesión de lo Eterno, el « Ktemais aër »; la Inmortalidad Estética de Strauss; el *joy for ever*, de Keatz; no son para el ESTETA, sino ecuaciones quiméricas, lejanas, como una paradoja astral, pero toma en ellas y de ellas, cuanto es necesario, al vuelo y la plenitud de su Ensueño de Belleza, a la sed de Vértigo que lo lleva a las fuentes lejanas y puras de Misterio...

y, por eso la Vida del ESTETA es una como Consunción extática, una propedéntica inexorable hacia el Ideal, hecho tangible en la forma inmortal de la Belleza;

el ESTETA, verdadero, aparece en su Obra, como en su Vida, cual la suprema **Energía** de una Voluntad que se afirma en el ondeamiento tenebroso de las cosas fugitivas y móviles que lo rodean, y, en el torbellino de los poemas confusos, que soplan en su espíritu...

el rostro, misterioso y, solemne de la Vida, no aparece a los ojos del ESTETA; bañado de lágrimas, como a los ojos asustados de un Místico, sino bello y serio, lleno de una fascinación maravillosa;

la coloración estética de todas sus sensaciones, le impide ver en toda su deformidad, las contracciones espasmódicas del Dolor, que no sabe mirar siempre sino bajo una forma intelectual; y, el Dolor mirado así, pierde toda su Violencia;

el ESTETA *goza* el Dolor, como un Espectáculo de su propia Alma, como una afirmación. de Sí Mismo, de su Voluntad de vivir y de vencerse, que es su máxima vital, de una vehemencia trágica;

así como la vida del Místico, está toda en adorar, la del ESTETA, está toda en comprender;

para el Místico, todo es objeto de contemplación, para el ESTETA, todo es objeto de sensación;

la Voluntad del Poder, es la fuerza del Esteta; la Vida es un espectáculo y debe mentalmente agotarlo;

la Realidad y, la Bondad de las sensaciones, especialmente la del Amor, toman en el ESTETA, formas que se dirían voraces, tal es la fuerza consuntiva que las anima, hasta llegar a ser febricitantes, en su alto grado de aspiración hacia la novedad y el exhaurimiento de ellas;

el Amor, que germina en todos los seres y, fructifica en todos los corazones, adquiere formas enormes y desconcertantes *en el cerebro* del ESTETA, que por su perfección mental, tiene aptitudes mayores de ennoblecer y centuplicar la Sensación;

el Amor, que en los demás hombres, es, Instinto, en el Esteta, es una Idea;

por un procedimiento, todo mental, el ESTETA, materializa las cosas espirituales, hasta hacerlas tangibles, y, espiritualiza las cosas materiales, hasta divinizarlas;

el Amor y, la Sabiduría, son los dos polos, en que se apoya la línea intelecto-ecuatorial del Esteta;

el estudio pasional de las Ideas, y la Pasión Ideológica de las formas, son los martillos con que golpea, en las puertas del Infinito, cerradas sobre el mundo;

el ESTETA, es el Super-Solitario del Claustro Ideal de la Belleza, y, su código Estético, supera en purezas de concepción a cuanto el ascetismo monacal, más puramente místico, ha podido imaginar;

el Egotismo del ESTETA, tan criticado por aquellos que son incapaces de tener un *Yo*, e incapaces de analizarlo y, de sentirlo, es la prueba palpable de su Superioridad, porque es en el fondo de ese Yo, que él, ve reproducidos, el milagro de sus paisajes interiores, y, el espec-

táculo grandioso de su alma, como en una mar
tranquila, duerme el esplendor seréno de los
cielos y, el fulgor de las estrellas;

de ahí que el Universo Mental, del ESTETA, sea
un Universo único donde la Pasión evoluciona
en las más extrañas metamorfosis, por la in-
toxicación creciente del Deseo. y, el vuelo ator-
mentador de un Ideal Supremo;

por eso, todo libro de un ESTETA, es : un
Estado de Ánimo; y, su Obra, es plasmable y es
plasmada sobre su propio Yo, y un vapor de
reminiscencias íntimas, sube de ella como un
cántico del fondo del Recuerdo, como la niebla,
del lago, a la hora matinal;

el ESTETA, es un Revelador, y, toda palabra
suya, es un acto espiritual, trasformado en
Belleza;

la subtilidad del Sentido, es en el ESTETA,
la hiperestesia aguda del Dolor, de ahí la inten-
sidad desesperante de sus sensaciones, la deso-
lación imperial de su Vida, el vuelo vertiginoso
de sus Visiones, y, el inconsolable Dolor de sus
creaciones, ese Dolor de aquel que por los sen-
deros de la Sabiduría, ha llegado al conoci-
miento entero del Amor;

el modo espontáneo de la concepción;

la observación insistente y armoniosa de los obscuros fenómenos de la Psiquis en tumulto;

la repugnancia invencible a la arcaica presunción de toda Escolástica;

el ejercicio conceptual y pertinaz del Pensamiento en regiones inaccesibles, lejos de todo contagio gregario;

ésas las características del Esteta son;

Libertad;

Soledad;

Personalidad;

he ahí los tres puntos astrales de la corona obsidional del ESTETA;

¿amáis esa Triología luminosa? ¡Saludad al ESTETA!

¿no la amáis?

lapidad al ESTETA;

eso avivará el brillo de sus astros.

Si la Ética Teólogica ha caído por sus bases, es, porque la idea de Dios, tiende a disminuir en los hombres;

las sociedades, se laicizan sin libertarse, y, declarándose herederas de Dios, toman todos sus medios de dominación, de ahí, que, a la Moral, de origen divino, haya sucedido, la Moral, de origen humano, es decir, la Moral Social, la más absurda de todas y, la más absoluta.

Grecia, fué grande hasta antes de la aparición de la Moral;

su decadencia, principió con la introducción de esa gran Mentira, predicada por aquel gran Sofista decadente, que fué : Sócrates;

y, cosa rara, el Apóstol de la Moral, era el más inmoral de los hombres, según el sentido

estrecho de esa especie de religión de las cos-
tumbres, que él, mismo predicó.

———

Según Kant, la Moral, no es otra cosa que « el
Imperativo Categórico de la Razón práctica » ;

ergo : todo hecho razonable, es, un hecho
moral;

la Moral, es, la Razón, puesto que es, su
Imperativo;

si Kant, admitiera esta gran Verdad, que :
« la Razón, no es otra cosa que el Instinto, en
su expresión superior, y, que la Moral, no puede
ser otra cosa que la « Sistemación del Instinto »,
se habría acercado a la Razón, definiendo la
Moral;

desgraciadamente, Kant, no llega allá, porque
él, admite otro Yo, fuera del Yo fisiológico, y,
razona sobre entelequias absurdas, admitiendo
entre otras la del Yo metafísico la más absurda
de todas las formas del Yo;

Kant, cree, como Wolf, que « la Metafísica es
la base de la Filosofía »... ¡triste vestigio de
naufragios mentales, que nos vienen del ado-
rable y, lírico Platón'...

¿no creía éste, en una *Metafísica verdadera?*...
cuando se han aliado esos dos vocables, ya se
pueden aliar todos los errores.

———————

Una de las mayores tristezas de la Vida, es,
convencerse, al fin de ella, de que todas las
grandes verdades, que teníamos como tales, no
lo son, y, que hemos hecho el trayecto hacia la
Muerte, acompañados de un coro de Mentiras,
las cuales, una vez desenmascaradas, carecen
de todo valor, aun de aquel de consolarnos...

y, es el más triste final de una Vida, la reve-
lación de la esterilidad de ella, y saber que la
esterilidad es el alma del Mundo, puesto que
todo muere, y, nada vive sino como 'una apa-
riencia de vivir.

Mientras fueron las Religiones las que mono-
polizaron y, explotaron la Moral, el fenómeno
se explica, porque ellas han monopolizado y
explotado siempre todos los errores;

pero, que la Sociedad, declarándose heredera
de la Religión, venga á predicar y, fundar una
Moral, para imponerla, con un Código en la
mano, y, el Verdugo, como última razón, eso
es, intolerable y vergonzoso;

toda Moral, es, una esclavitud, y, todo aquel
que la impone es un Tirano, mutilador de volun-
tades y de almas;

y, no hay sino una cosa más baja que el
Tirano que impone la Moral, y, es, el farsante
que la predica.

———————

¿La Vida de un Escritor debe ser un Comen-
tario de sus obras?...

muchas veces, no es sino un extracto de ellas,
ante el cual se cierran con piedad los ojos y, el
corazón, renunciando a leerlo todo, por miedo
a devorar tanto Dolor...

así es de miserablemente triste el camino del
Genio, sobre las Soledades de la Tierra...

———

Leer por igual, los hombres y, los libros, es
la educación completa ;

pero, eso tiene de fatigante, que en unos y
en otros, encontramos mucho de nosotros mis-
mos, ó mejor dicho, nos encontramos nosotros
mismos, con tal frecuencia, que terminamos
por aburrirnos de nuestra propia compañía y
no los leemos ya más...

No escribir por el temor de ser olvidado, es, como no vivir, por el temor de ser muerto ..

vivamos y, escribamos, sin ocuparnos de la Muerte, ni de la Inmortalidad, seguros de que la Tierra y, el Olvido, nos devorarán a todos por igual ..

¿qué nos importan los gusanos, que han de roer nuestro cuerpo y, las polillas que han de devorar nuestros libros?

démosles nuestra carne y nuestro pensamiento a devorar...

ellos, también tienen derecho á la Vida.

———————

Aliar la Cólera al Desprecio, es el último esfuerzo del Arte en los grandes escritores;

y, es un grado de indignación que sólo saben expresar los genios.

El Entusiasmo Estético, es el único que no envejece y, que no muere, en nosotros ;

cuando ya nada nos conmueve, el Arte tiene el poder de conmovernos ;

y, cuando toda Adoración ha muerto en nosotros, aun vive la Adoración de la Belleza ;

y, prontos a entrar en la Muerte, aun tenemos fuerza para saludar á aquella que nunca muere.

———

Es triste, al mirar nuestro Pasado, no ver en él, sino campos que la ceniza ha cubierto, restos de naufragios que las olas mismas parecen llorar y horizontes melancólicos que el tiempo tiende diariamente á borrar de nuestro corazón...

No es asesinando la Libertad, que se puede
fundar algo para la Posteridad, porque orientar
un pueblo hacia la Esclavitud, es orientarlo vio-
lentamente hacia la Muerte.

———

La raza de Caín no muere ;

cada día hallamos en el camino de la Vida,
las mandíbulas de un asno muerto y vemos una
mano brutal desarticularlas y, agitarlas luego
en el aire como una hacha, buscando el cráneo
de Abel.

En Grecia, la grandeza histórica, estuvo eu los hombres;

en Roma, la grandeza histórica estuvo en los hechos;

en Grecia, privó el Genio;

en Roma privó la Fuerza;

fué necesario algo tan corrosivo como la Moral, aparecida con Sócrates, para iniciar la Decadencia de Grecia, y, acabar con su grandeza;

y, fué necesario un principio de Disolución, tan activo como el Cristianismo, para acabar con la grandeza y, el esplendor de los romanos;

la Moral socrática no supo dar á la Historia, sino un pueblo de sofistas, pronto á la Esclavitud;

la barbarie cristiana, no supo dar al mundo, sino pueblos sin genio é Imperios sin grandeza;

hombres y pueblos, todos han sido heridos de decrepitud a la sombra enferma del árbol de la cruz.

Se persiste en creer desgraciados á los sal-
vajes, porque no son aún bastante corrompidos
para fundar una Civilización;

es manifiesta esa inferioridad como la de los
leones que no han tenido como los hombres,
bastante talento para hacerse un yugo y un-
cirse a él.

La Historia, escrita por los esclavos, tiene el
privilegio de deshonrar la Historia sin lograr
disculpar la Esclavitud.

La concisión de Tácito, es un río taciturno de bellezas, muy difícil de seguir a causa del misterio insonoro de su Pensamiento;

en cambio, las cataratās de Tito Livio, forman un río caudaloso, sobre el cual, pueden embarcarse todos, siempre que sepan enguirlandar su nave, con las rosas ribereñas de la Poesía.

———————

Herodoto, me parece el Homero de la Poesía, de la cual Jenofonte, es, el Virgilio.

La candidez primitiva de los historiadores griegos, les roba a nuestros ojos, mucha autoridad, pero les da en cambio un secreto de leyenda contada por una Hada a niños desnudos, dormidos en su regazo;

y, el candor de toda infancia tiene un perfume de rosas.

———

Ninguna Idea ha triunfado sino por el martirio de su Redentor, y, ningún Redentor ha muerto sino por la boca de uno de sus discípulos;·

Judas, vela en el fondo de todo cenáculo, y, cuando duerme, no sabe hacerlo sino sobre el hombro del Maestro.

Triste debe ser eso de tener que defenderse,
como Esquilo, de las acusaciones de sus pro-
pios hijos...

el Genio, sometido a esa tortura, debió enmu-
decer, volviendo majestuosamente la espalda a
los acusadores y a los jueces, seguro de deshon-
rarse defendiéndose.

———

Una cabeza, cargada de pensamientos nobles,
cae bajo el filo de la espada, pero no se dobla
ante ella; *locum spatæ non dit.*

———

La Vida, no deja de ser una lucha contra los
otros, sino para ser una lucha encarnizada con-
tra Sí Mismo;

lucha sin tregua, lucha feroz, en la cual la
única Victoria, es la Muerte del Vencedor, que
venció su propio corazón...

————

Es una gran tristeza, esto de ascender mucho
en las alturas mentales, porque no nos queda ya
el dulce consuelo de alzar los ojos, buscando
algo encima de nosotros...

y, la Orfandad del cielo. es. una nueva Orfan-
dad, que abruma nuestra grandeza.

La Naturaleza, es una madre cariñosa, que nos habla siempre al oído, pero la música suave de sus palabras, no llega íntegra, sino al corazón de aquellos, que no tienen el Sueño ingrato de creerse superiores a la Naturaleza ;

raza de dioses del fango, que creyendo tener una alma distinta de la Naturaleza, no han sabido aún definir la naturaleza del alma;

a ésos, la Naturaleza, no se digna aconsejarlos, esperando en Silencio la hora de devorárlos.

———————

Ciertos libros, nos acarician suavemente, como una mano invisible, llena de ternuras;

otros, nos producen la impresión de una alondra, que apoyando las alas en nuestro corazón,, canta a toda garganta;

otros, son como un dedo misterioso, que nos

muestra el horizonte rojo, donde el oro divino de los Sueños, empieza a desvanecerse.

otros, como un viento impetuoso que borra de nuestro cerebro todas las alucinaciones...

otros, son como dos manos de Verdugo, que toman nuestro cerebro y, lo torturan con un placer de Ménade;

¡libros de Horror y de Estrago! después que los hemos dejado, la pulpa sanguinosa de nuestro cerebro, queda enferma, dolorida, inhábil para pensar, envuelta en el glacial horror, temblando ante la proyección de las manos torturadoras, que no se borran ya del horizonte.

———————

Los grandes horizontes del Pensamiento, son cielos vírgenes. que se extienden ante nosotros, pidiéndonos que los poblemos de sus astros naturales, es decir, de Ideas;

por eso, todo Pensador, es un Sembrador de estrellas...

El más miserable, no es el pobre que vive sin riquezas, es el rico que vive como pobre al lado de ellas;

así he pensado, viendo carecer de todo a un viejo Dictador avaro, a quien el destierro, no ha logrado curar de la Codicia;

en presencia de ese Hombre, me crei un Nabab;

pero mi opulencia no fué generosa; no quise darle la única limosna que me pedía : la de mi pluma...

muy altas eran las montañas de su oro, pero no llegaron a la altura de mi Desdén.

Si oís a un Hombre, expresarse con violencia, contra una de esas manifestaciones del Instinto, que se llama, un Vicio, estad seguros que ese hombre lo posee y, no pudiendo matarlo, se conforma con insultarlo...

¡triste venganza de esclavo, contra el amo que lo azota!

————

La teoría de la Responsabilidad Moral del Hombre, la han inventado aquellos que no han tenido el valor de buscar en Dios, esa responsabilidad;

~ ese método de acusación contra la Víctima, recuerda aquella Corte de Seoule. donde se ajusticiaba un esclavo, cada vez que el Rey cometía una falta.

El Pesimismo, cuando es sincero, no tiene
otra puerta de escape que la Muerte;

el eremitismo, tan recomendado por Sho·
penhauer, cuando gritaba : « haceos ere-
mitas » ;

los sueños del Solitario de Herne Hill, sus
sueños por fundar su convento de artistas y
pensadores, con los restos dispersos del Pre-
rrafaelismo ;

el anacorètismo moderno que la inquietud
enfermiza de Nietzsche, buscaba establecer, cla-
mando por los Monasterios laicos ;

los tranquilos Falansterios, que el misticismo
agudo de Tolstoy, buscaba en las estepas mos-
covitas ;

todos esos asilos de la Paz, buscados e idea-
dos por esos monjes laicos del Ideal, extravia-
dos en la Noche del Mundo, por esos Caballeros
del Silencio y de la Meditación, empeñados en
buscar un claustro a su Tristeza, no serían, si se
hallaran, una solución, ni siquiera un tregua a
la angustia creciente de la Vida ;

no serían sino un Sofisma lacrimoso, donde refugiarían su cobardía, aquellos a quienes falta el valor, de entrar por las puertas rojas del Suicidio, en los vastos Siléncios de la Muerte...

———————

El trapismo, es, de todas las formas del Pesimismo, la más cobarde;

esos monjes, son una agrupación de Sansones, que no teniendo fuerza de destruir el templo, se refugian en él, a contemplar la llaga de su castradura, como los faquires estáticos, se absorben en la contemplación de su propio ombligo...

¿las ruinas de su Pensamiento, servirán a consolarlos de la ruina de su Vida?

Ningún Hombre Superior, ha sido vencido ni dominado por una mujer;

el Hombre Superior siente por las mujeres jóvenes, la inclinación natural al sexo al cual debe la Vida;

y, por las mujeres de edad, siente la veneración que merece, el sexo al cual debe su Madre;

mais pas plus.

No hay doctrinas nuevas, aun las que pasan por más audaces;...

todas son hechas del polvo de viejas ideas rotas por el martillo del tiempo, y, cuyos restos, son abono, a nuevas floraciones ideológicas;

la *ley del Regreso*, es aquí imperiosa, comó en todo;

la Idea de lo Infinito, no viene sino de nues-
tra propia limitación ;

y, es esa ley del Regreso Inevitable, la que
forma en nosotros la Idea de Eternidad.

———

Las doctrinas, los sistemas, no son sino for-
mas de un Ensueño, a las cuales, los hombres
suelen dar contornos y expresiones distintos;

la forma cambia ;

el fondo, es el mismo, con ese fondo de mo-
notonía, que viene de toda esterilidad ;

las mismas nubes que se retratan sobre el
mismo lago ;

solo la forma de las nubes cambia ;

el Hombre, es un ser tan precario, que para
vivir, necesita hacerse la ilusión, de que él, es
la Vida misma ;

y, cada Hombre que abre sus ojos a la luz,
cree que el Mundo ha sido hecho para él;

sin esa Ilusión; ¿cómo consentiría en vivir?...

Los Estetólogos del Porvenir, quedarán confusos y, perplejos, pensando, cómo pudo existir un día tan triste para la Belleza, en que el desnudo fué desterrado del Arte, y, el Ideal ascético, pudo perturbar tan profundamente las almas, que aparecieron como bellos, al histerismo degradado del Mundo, ciertos Cristos putrefactos y, ciertas Madonas insexuales, con que las aberraciones del monaquismo poblaron los templos, y, decoraron la majestad solemne de los claustros:

sólo la perversión cristiana, y, los peores delirios del Misticismo pudieron producir ese Arte de degeneración, que creció como una ortiga, sobre la tumba donde la cruz vencedora, había sepultado la divina desnudez del Arte griego;

¡oh divinos rosales de la Hellade, que os mirabais en aguas del Egeo, ¿cuándo floreceréis a nueva vida?

de tu divina muerte, muere el mundo.

Enseñar el Amor es, una Vanidad, no es un Placer;

el placer es de aquellos que aprovechan la Vanidad del Amor, que nosotros enseñamos.

———

La única ley posible al Genio, es no tener ninguna;

en materia de Arte, el Genio, es, el único Código de Sí Mismo.

———

Una Personalidad que sufre fronteras, no es ya una Personalidad, es, simplemente, una Persona.

Es increíble la Voluptuosidad que hay, en sentir ciertos deseos absurdos, que parecen imposibles...

una sola partícula, obtenida de aquel Radium, milagroso, basta para iluminar toda una Vida;

¿qué valen todas las Voluptuosidades fáciles al lado de esta Voluptuosidad casi imposible?

un minuto de ella... un minuto, no más, y, se ha vivido toda una Eternidad.

―――――――

Aquel que halla la Razón de su Tristeza, no tiene ya razón de estar triste ;

la grande, la verdadera Tristeza, es esta que nada puede explicarla y por eso, nada puede consolarla.

Si el Hombre, no fuera un ser tan absurda-
mente incompleto, no amaría nunca;

porque el Amor, no es, sino eso : un loco
deseo de completarse.

———

Un Escritor de Talento, podrá explicarse y
explicar, él mismo, el mecanismo de su prosa;

un Escritor de Genio, no lo podrá nunca,
porque el Subconsciente que se la dicta, guarda,
aun para él mismo, su secreto.

———

Ser el conductor de una época, no es conce-

dido nunca a un Hombre Probo, y, sólo le es
dado, ser su Juez.

De vez en cuando, un baño de Amor, puri-
fica, pero, un baño de Odio, fortifica.

El combate de los Brúcteros, bajo los ojos en-
cantados de los romanos, es el mismo que los
americanos latinos, presentamos ante los ame-
ricanos saxones, prontos a devorarnos ;

los yanquis, pueden decir, como Tácito :
« quiera el cielo a falta de amor por nosotros,
mantener entre ellos, ese odio que los fuerza a
devorarse ; »

y, ese odio vive, y, ese odio nos mata, en ese
combate de Brúcteros, que lidiamos ante el
mundo.

En los parajes desnudos de toda vegetación, el viento pasa en Silencio, porque no halla una hoja siquiera al chocar contra la cual, pueda formar una voz ;

asi en los corazones desolados, en los cuales todo ha muerto...

el viento del Recuerdo, al pasar por ellos, no encuentra nada en pie, para susurrar un cántico.

———

Todos los hombres, tenemos un amor secreto por las ruinas, porque todos llevamos alguna dentro de nuestro corazón, y, porque tenemos seguridad de ser mañana algo menos que una ruina...

la proyección de un escombro sobre las soledades de la tierra.

La poesía de las ruinas, se siente y no se describe;

su prestigio, les viene de las lejanias históricas que las circundan y, de los horizontes seculares en los cuales se prolongan con un ondeamiento taciturno de Misterio, en el velo de un miraje, que las hace aparecer como flotantes entre el cielo y la tierra, como entre dos inmensidades...

duermen en los brazos de la Muerte, que las arrulla como una madre.

En ninguna zona literaria, se nota tanto la diferencia, entre el Clasicismo y el Romanticismo, como en esas dos tendencias de la literatura alemana, aparecidas a fines del siglo XVIII y, principios del siglo XIX : entre Goethe y Shiller, y Novalis, Teck y, los Schlegel;

el pedantismo frío de los primeros y, el calor
emocional de los segundos, marcan bien, las
dos tendencias, ó dicho mejor, el temperamento
de las dos escuelas ;

« la Poesía, es, lo real absoluto », dice Nova-
lis ; *die Poesía is das œcht absolut Reelle ;*

esa concepción, toda metafísica de la Poesía,
sospecho yo, que viene de Fitche y, su « Teo-
ría de la Ciencia » que atribuye tánta fuerza, a
« la cosa en Sí », negada por Kant ;

el *Yo Metafísico*, es el Soberano creador, para
Novalis y, su escuela; un Yo, falso, del cual
nuestro Siglo ha dado cuenta, proclamando el
Yo Fisiológico, único productor y creador de
fenómenos vitales de la Inteligencia, y, de todas
las manifestaciones o gestos de nuestra Vitali-
dad Animal, de los cuales, el Pensamiento, es,
el más alto ;

esa lucha entre el Yo, primitivo, irreductible
de Spenle y, el mundo sensible que lo limita,
ha sido la causa fundamental, del fracaso del
Yo romántico, expulsado al fin por la antono-
mía victoriosa de la Materia. de los dominios
obscuros de la Metafísica-Poética ;

la « Crítica » de Schlegel, la « Física » de

Baader, la Poesía de Novalis, la Teología, de
Shcleimacher, todas las corrientes mentales del
Romanticismo, tienden al imperio y, proclama-
ción, de un Yo Metafísico, absoluto, un De-
miurgo, predecesor del Super Hombre de
Nietzsche, una especie de Radium, capaz por Sí
Solo, de producir la luz ;

y, esa Estética Romántica, proscribiendo los
viejos conceptos racionalistas y, la inercia lu-
minosa de los olímpicos, se empeñó en dar calor
al mundo del Pensamiento, por ese falso Sol
creado por ella ;

de ahí su fracaso ;

el Mundo se empeñó en marchar de espaldas
a la Quimera, buscando en la Materia, su único
Yo ;

y̆, lo halló.

La diferencia que Fichte, establece entre
el Entendimiento (Verstand) que él, declara,
« facultad inerte é improductiva » y, la Razón

(Vernunft) que proclama, « facultad metafísica
y Suprasensible » viene a declarar el Imperio
Absoluto de la Razón. es decir el Racionalismo,
que el Romanticismo se empeñó en decapitar;

¿cómo declarar inerte el Entendimiento, que
con el hecho de *concebir* y, *comprender*, obra, y
por consiguiente, no es ya inerte?

¿por qué no aceptar que la Razón, no es sino
una Selección del Entendimiento y, nacida de él?

¿el Entendimiento es, pues, irracional?

¿la Razón, carece de Entendimiento?...

¿por qué los filósofos, saben todo, menos
filosofar?

El Idealismo Integral, es un vicio absoluta-
mente físico como todos los vicios; porque el
Pensamiento, no es, sino la flor de nuestro Yo,
fisiológico, la rosa del rosal de nuestros Instin-
tos, cuyas raíces se hunden profundamente en
lo más hondo de nuestra sexualidad ;

amar, sentir, pensar, todas son formas iguales
de nuestro Instinto, que no se diferencian sino
en la manera física de manifestarse ;

porque en nosotros no vive sino el Instinto,
y, fuera de ese Yo, netamente fisiológico, no
existe, sino ese Yo Integral y, otros símiles, que
no son sino vicios de la Inteligencia, tan fisio-
lógicos, como los vicios del corazón, o los del
sexo...

El absolutismo del Yo Emocional, radicado
en el corazón, y, haciendo de él su Imperio, es,
la Estética del Sentimiento, la más absurda de
todas, porque el corazón carece de criterio, y,
no puede percibir ni definir *lo bello*, que es el
Alma de la Estética.

Entre el Idealismo emocional, ese Absoluto
Supra Intelectual, y, la Intuición, de Bergson,
¿qué diferencia existe?

la misma que entre el Demonio de Sócrates,
y, el abismo de Pascal;

demencia del pensamiento o demencia del
corazón, todo es demencia, como la Satiriasis.

———

La Supremacía del Sentimiento sobre el Pen-
samiento, que es el alma de la Filosofía de Ja-
cobi, ¿no es en el fondo, un materialismo
lírico, del cual sus propios apóstoles no se dan
cuenta?

y, ¿cómo se la darán, si piensan con el cora-
zón, y, el corazón no razona?

¿Son las cosas las que nos interesan?

no :

es el alma de las cosas ;

la extraña vibración que ellas despiertan en nosotros, llenando nuestros paisajes mentales de espejismos, de lirismos y de intenciones, es la voz del alma de las cosas, surgida al contacto con la nuestra, como al conjuro de la baqueta de Mesmer ;

el alma de las cosas, hermana de la nuestra, ambas hijas de la Materia primitiva, multiforme y sagrada.

Cuando yo escucho la milagrosa voz de los grandes cantores, un Carusso, un Anselmi, un Tita Rufo, no los oigo, me oigo yo, oigo cantar mi alma, ebria de melodía, tal una estrofa lírica, en vuelo sobre un paisaje...

Podemos libertarnos de Dios, libertarnos de
los hombres, pero, ¿cómo libertarnos de nos-
otros mismos?

¿a dónde volveremos los ojos, que no nos
veamos vivir, que no nos sintamos pensar?

somos los prisioneros de nosotros mismos,
de esta perpetua proyección del Yo, sobre todas
las cosas de la Vida;

sólo en la Muerte podemos escapar a ese Yo,
tiránico, que no tiene otro Imperio, que este
frágil y transitorio Imperio de la Vida;

he ahí porqué la Muerte es, la Libertad.

.   ————

Nosotros, no poseemos las cosas; son las
cosas, las que nos poseen, con tal intensidad,
que sentimos la omnipotencia de su Poder, y,
somos sus esclavos miserables;

toda posesión es una Esclavitud.

¿En dónde está el sendero misterioso, por el cual el alma de un paisaje entra en el alma nuestra y, la conmueve y la domina?

¿en qué ambiente extraño y musical, se formaron esas polifonías, con las cuales, la emoción lírica del paisaje despierta en nosotros, emociones que parecían muertas, y, reminiscencias que el olvido había sepultado?

¿por qué extrañas sugestiones síquicas, esa emoción despierta en nosotros, imágenes y sensaciones, de una intensidad profunda, que escapan a toda representación exterior, y sin embargo, brillan y vibran, en lo más obscuro de nuestro cerebro, evocando visiones musicales y radiosas, que vimos ¿dónde? que oímos ¿cuándo?

¿quién podrá revelar lo irrevelable?

¿Qué es el desbordamiento lírico de nuestra palabra, sobre el abismo mudo de nuestro corazón?

una armonía de olas, sobre la mar dormida;

sobre el enorme corazón del Mar, que esta en el fondo.

¿Qué son las prosas rimadas, sino una suave y grave forma lírica, más amplia que la mecánica estrecha del Verso. más plasmable, más libre, con un soplo de cadencias, que pasan por sobre los rosales prisioneros del ritmo?

¿recordáis, el « Himno a la Noche » de Novalis?

una Poesia Superior;

el alba del Verso Libre;

la Libertad Poética;

lo que el otro llamó: Poesía de lo Infinito.

¿Qué hacemos al expresarnos?

deshonrarnos, si no decimos la Verdad;

entregarnos, si la decimos;

envilecernos, o vendernos;

toda Palabra, es una Traición, a Sí Mismo; o,
a los otros.

———

¡Ay! nuestra Inteligencia, es como una nube;

no engendra el rayo, sino a condición de ser
ardida y desgarrada por él;

¿cuánto tarda en serenarse la nube que ha
dado vida al rayo?

aquella mente que le dió vida, no se serena
jamás...

herida y desgarrada queda; en un perpetuo
alumbramiento de prodigios.

¡ Felices los que mueren en una playa desierta,
oyendo el mar y contemplando el Sol !

ésos no serán sepultados !...

la tumba tiene eso de odioso ; que es siempre
una prisión ;

dónde pues, hallar la Libertad ?

——— ———

¿ Cuál es el bálsamo que no contiene un átomo
de veneno ?

tal vez el de la Esperanza...

y, por eso nos embriaga ;

y, aquel que marcha ebrio de Esperanza, es
siempre asesinado en la Noche de la Realidad ;

la Vida, es una emboscada.

Es tal la maravilla sugestiva del Verso, que almas muy delicadas, que no permitirían a otros, que les contaran sin velos, sus pasiones, soportan a los Poetas, que les cuenten sus peores vicios, con tal que lleven la música mágica del ritmo.

————————

Puede que la Admiración del vulgo, vaya un día hasta un Hombre de Genio, atravesando las mil atmósferas que los separan;

pero, que un Hombre de Genio, condescienda en descender voluntariamente hasta el Vulgo, mendigando su admiración, eso es de todo punto imposible, a no ser que el Genio, deje sus alas en las mil atmósferas que los separan;

y, en ese caso, lo que llega abajo, no es ya el Genio, es, la Codicia;

y, el Vulgo la corona.

En la Vida de un Pensador, los hechos faltan;

¿ qué acontecimientos puede haber en la Vida de un Solitario?

un bello sol, después de una lluvia tenaz, una rosa que se abre en el jardín, en una blanca armonía sentimental, la estrofa de un Poeta, que vibra en el corazón del Viejo Soñador, como una abeja de oro que hubiese penetrado al fondo de una tumba y voloteara en ella...

y, por sobre todo eso, la única música que hace temblar de tierna emoción el duro corazón del Solitario: la voz amada, sonando en la Soledad, como una arpa solar tocada por el Genio de la Melancolía, sobre los acres promontorios del Ensueño.

« Too much Ego in his Cosmos », he ahí el Crimen a los ojos de un Crítico...

y, ¿por qué criticar, la virtualidad, la musicalidad, que todo Genio se empeña en dar a su *Ego*, ese *Ego* que llena su Vida, toda, y. llega a .poseer y a conquistar el rebelde corazón del Mundo?

el *Yo*, es en la Vida, si no la sola Realidad, al menos, la sola Ilusión tangible;

¿de qué mejor podemos llenar la Vida que de nuestro propio Yo?

———

El Porvenir... ¿puede llamarse tal, este trayecto triste, este corto sendero, que queda entre la vejez y, la Muerte?

¡hora melancólica y, grave, en que no sabiendo qué hacer de la poca Vida que nos queda, nos ocupamos de revivir aquella que ya vivimos, y, miramos obstinadamente al Pasado,

¡ay! acaso por miedo de mirar atrevidamente al Porvenir...

¿quién sueña en emprender nada, en fundar nada, en edificar nada, sobre ese, mañana, tan inseguro, tan corto, que no tendrá otra aurora que la Muerte?

¿quién será bastante loco para empeñarse en reconstruir escombros, sobre el hacinamiento de tántas ruinas?

y, ¿eso es la Vida?...

la *Conquete sur lé Neant*, de que habla Bergson.

———

Muy triste es pasar la Vida buscando su propio corazón...

pero ¡qué horrible debe ser encontrarlo al fin!...

La Vida, seria la más cruel de todas las Ironías, si no fuese la más irónica de todas las Tragedias.

Si el Hombre no fuese un animal, tan implacablemente feroz, lloraría sobre todas las cunas y, no tendría sonrisas sino para las tumbas que se abren.

La Vejez? no temáis que la Vejez sea sola!... ¿no veis cómo su pálida Hermana, la Enfermedad, viene a hacerle compañía?

vedlas cómo marchan juntas, lentamente, tristemente, por el sendero sin flores, en busca de la Hermana cariñosa que las espera siempre : la Muerte ;

y, todas tres se esfuman y, se pierden en las mismas perspectivas...

———

¡Quién tuviera una Patria, para morir en ella !...

el destierro en la tumba, es el más cruel de todos los destierros...

———

La Vida... ¿es tal vez un Ideal, cuya forma sensible no alcanzamos nunca?

¿No habéis sentido muchas veces, el espanto que causa oir en el Silencio hablar vuestro corazón?

———————

No hay un ser en la Vida, bastante infeliz, bastante desamparado, para no tener un seno amante en el cual reclinarse y dormir lejos de todo cuidado, porque aun al más solo, al más vil, al más obscuro, lo llama y lo espera el Seno de la Naturaleza, el corazón sagrado de la Madre Tierra, que no nos olvida nunca, que nos espera siempre, y, tiene a todas horas sus brazos abiertos para recibirnos ..

¡ingratos hijos, que tenemos miedo de su abrazo!...

En la juventud, el corazón, es, un árbol floreci-
do, en cada rama hay un nido y, en cada nido
hay un canto...

en la Vejez, el árbol está mustio, las flores se
hicieron polvo, los pájaros volaron...

sobre las ramas esqueléticas, tendidas al cielo
como brazos en desesperación, no vibra una
ala, ni se oye un cántico...

solo el buho taciturno del Olvido, viene a
posarse en él...

su graznido agorero lo llena todo...

y, sus ojos extáticos nos miran tenazmente,
vorazmente, como si aspirase ya en nosotros,
el olor de la descomposición y de la Muerte;

he ahí nuestro último amigo...

aquel cuyo canto anuncia la Noche mara-
villosa y sin estrellas...

La Retórica, gasta la Historia, que la Elc-
cuencia, se encarga de embellecer.

———————

Un Historiador, no discierne la Gloria, sim-
plemente, la juzga.

———————

La Naturaleza, es hecha para consolarnos de
todo lo que perdemos en la Vida;
cuando todo nos falta, ella nos queda;
por eso la Muerte, es bella, porque es un re-
greso a la Naturaleza;
¡el dulce reposo, en brazos de aquella, que
no conoce la Muerte, y, que no sabe morir...

Es increible la *poesía musical* de ciertos pen-
samientos, que aun sin expresarlos, nos llenan
de una dulce y suave armonía, que a pesar de
su fragilidad, domina por un momento todos
nuestros dolores, y, hace dormir la tempestad
sobre el abismo tenebroso de nuestro corazón.

————

La Obra de un Genio, aun si pudiese ser
mala, no dejaría nunca de ser grande, por que un
Genio, no puede producir sino cosas geniales,
y, quien dice tal, dice cosas de majestad y de
grandeza.

La mayor sorpresa del Historiador, es que al hundir las manos en las entrañas de la Historia, halla que los grandes Pueblos, como los grandes Hombres, no han tenido nunca corazón...

y, que sus entrañas han sido frías, como el mármol, sobre el cual se abre el cadáver;

frías, a pesar del lodo y de la sangre, que vierten de las entrañas de la Historia.

————

Yo, no acierto a explicarme, cómo un Hombre Honrado, puede entrar en la Política, sin un gran disgusto, y, permanecer en ella, sin una gran tristeza.

La última Ilusión que muere en nosotros, es,
aquella de vencer nuestro Destino;

y, no la perdemos sino cuando ya él, nos ha
vencido, entregándonos en brazos de la Muerte.

———————

Los grandes dolores, tienen el privilegio de
revelarnos estados de alma hasta entonces des-
conocidos por nosotros, como las grandes con-
vulsiones de la tierra, revelan abismos, ocultos
antes de ellas a las miradas de los hombres.

———————

Los corazones de dos énemigos, pueden un

día, acercarse y, fundirse en uno solo, en el seno de la Amistad...

pero, los corazones de dos amantes, que han dejado definitivamente de serlo, no se juntarán ya nunca...

no hay dios que haga el milagro de unir los eslabones de esa cadena rota, porque el Odio, que no muere, es, aquel que nace de un gran Amor.

Circundemos el alma de Silencios, es el único cielo en que esplende en toda su belleza el taciturno Sol de la Melancolía.

El Dolor, nos lleva de etapa en etapa, a la Insensibilidad ;

de tal manera estamos habituados a verlo,
siguiendo nuestros pasos, que si no lo sentimos
muy cerca, volvemos presurosos los ojos hacia
él, temerosos de haberlo perdido ;

y, llamamos a gritos nuestro Dolor...

———

¡ Desgraciado de aquel que no halla una alma
compañera en su camino, un grande amor, libre
de las tinieblas de la carne, ajeno a las tempes-
tades de la sexualidad, puro como una estrella,
y fuerte como un león ;

aquel que lo ha hallado puede decirse feliz,
en la Isla sin huracanes donde todo florece y,
aun la misma barca de Aqueronte, avanza suave-
mente, como temerosa de turbar la calma de
aquel grande amor único que no mancilla,
porque flota encima de la carne, como un Sol.

Hay dolores que gozamos en adormecer sobre nuestro corazón, como un niño rebelde, y, es para ellos, que hacemos nuestras más bellas canciones ..

meciéndolos suavemente damos á esos dolores el nombre de un Amor, tal vez para consolar nuestro Infortunio, hasta que un día callamos sobre nuestro Dolor, y nos dormimos para siempre sobre él, queriendo hacerlo callar, queriendo hacerlo dormir...

Nada puede destruir la Vida. nada puede desviarla; y, la Muerte, no hace sino continuarla, en el seno de la materia, de la cual, *nuestra Vida*, no fué sino un gesto inconsciente, perturbando el Silencio de la Nada.

No os preocupéis de buscar a Dios; si llegarais a encontrarlo, sentiríais la repugnante impresión de haber abrazado vuestra propia sombra.

———————

En el mar de la Vida, no se ven bellas sino las riberas :...

el Pasado, cada día más distante y, al cual no regresaremos nunca;

el Porvenir, que se aleja diariamente, y, el cual no tocaremos jamás...

y, es de esas riberas lejanas, que nos vienen todas las melancolías;

la del Recuerdo, que es suave y, triste, como un crepúsculo amable...

y, la del Ensueño, que nos trae siempre un suave olor de rosas y de voluptuosidades,

como el perfume de una lejana isla borro-
mea...

no hay odioso sino el Presente, que se des-
vanece en la Angustia;

un Presente sin ventura, porque la ventura no
existe sino a condición de *no existir*.

————

Los días felices tienen tal imperio sobre
nuestra Vida, que mucho tiempo después de
idos, el sueño nostálgico de ellos, nos llena de
un maravilloso Encanto...

hay pasiones que se cristalizan en el Recuerdo,
como ciertas flores, prisioneras del hielo;

el calor de ciertos besos *únicos*, ¿ nó
viene a través del tiempo, a quemaros los
labios, como un viento escapado del de-
sierto?

y, los labios que los dieron se han helado para
siempre...

y, nosotros, vecinos a los eternos hielos de la
tumba, no somos ya, sino un témpano más,
llevado por las olas...

Es triste envejecer en tierra extraña, y, pre-
pararse a morir viendo ponerse el sol tras cimas
lejanas de aquellas que lo vieron aparecer sobre
nuestra cuna...

pero, si el lugar de nuestra cuna, es un predio
esclavo, hay una triste ventura, en buscar para
nuestra tumba, un jirón de tierra libre, sobre
el cual esplenda el sol...

no temáis al Dolor de los destierros;

toda intemperie, es preferible a la Esclavitud.

La perla, es una enfermedad de la ostra, como el Genio, es una enfermedad del Alma ;

y, la una y, el otro, enriquecen al mundo con sus tesoros, que son su propio Dolor.

————

Envolverse en sus recuerdos, y esperar la Muerte...

sin lucha, sin tristeza, sin pesar...

¿qué mejor manera de dejar la Vida ?

los remos están inmóviles, quieto el timón, la playa final está cercana...

todo gesto es inútil...

se llega sin esfuerzo ;

y, se muere sin él...

Los laureles, no son bellos, sino antes de ser
cortados ;

desde que son tejidos en forma de corona y,
ciñen nuestra cabeza, pierden su prestigio a
nuestros ojos, porque ya no los vemos...

y, la sombra de sus hojas, anubla nuestra
frente, en vez de hacerla radiosa ;

el Triunfo mata el laurel? ..

yo, sólo sé que, el laurel hace muy triste el
triunfo...

yo, he visto triunfadores morir bajo el lau-
rel...

y, sólo entonces el laurel ha florecido...

porque el laurel no florece sino sobre la frente
de los muertos.

———————

Aquel que alimenta grandes pensamientos, no
puede hablar sino en grandes palabras...

sólo los espíritus simples son simplistas ;

eso que llaman el estilo común, es el lenguaje de los hombres comunes.

———————

La influencia de las neuropatías, sobre el dinamismo intelectual, ha sido la cuestión, que ha preocupado a todos los definidores del Genio, desde Moreau de Tours, que fué el iniciador de ésa doctrina, hasta Lombroso y Max Nordau, que la han explotado, para insultar al Genio, con el pretexto de estudiarlo…

el Genio, es indefinible;

y, sólo se preocupan de definirlo, aquellos que no lo tienen...

eso consuela su Envidia.

La Benevolencia, no es una Virtud, es, una Debilidad, encantadora, como todas las dehilidades;

es cuando ya hemos vivido mucho, que ella viene a nosotros, para consolarnos, disculpando nuestras faltas con el pretexto de explicar las de los otros;

y, una vez hechos benévolos con nosotros mismos, nos hacemos benévolos con los demás;

es tarde de la Vida, que aprendemos a despreciar, y, es por eso que aprendemos tan tarde a sonreir...

¡cuando no tenemos ya fuerzas de llorar!...

————

Hay ascetas en pleno mundo, ascetas más puros en su soledad, rodeada de tumultos, que aquellos que vivieron en la soledad, rodeada de desiertos;

cada Religión, es decir, cada Idea, tiene uno de ellos;

su ascetismo no contagia;

contemplativos sin ambiciones, ven vivir el estéril heroísmo de los otros, y, no se mezclan al drama, sino en el momento decisivo, para darle con su gesto, la orientación definitiva;

ellos hacen virar la barca de los destinos del Mundo...

temed los solitarios, cuando salen de su Soledad...

la tempestad ha salido con ellos.

———————

Es tratando de salvar los hombres, que se pierde siempre un grande Hombre.

Sólo hay una cosa igual al Dolor que sentimos de haber hecho involuntariamente el Mal; y, es, el temor que nos asalta, después de que hemos hecho voluntariamente el Bien.

———————

Siempre la imagen de la Divinidad, obsesionando los grandes creadores del Arte...

¿hasta cuándo la Humanidad, será revelada a ciertos artistas?

solo el Hombre, es capaz de salvar al Hombre;

el Mito lo ha de perder siempre;

¿qué es el Hombre que busca a Dios, sino un ciervo sediento, mirándose en el lago azul de la Mentira?

el lago lo devorará sin aplacar su sed.

El Arte, es, la Oración de las almas insatisfechas, de aquellas que no pueden consolarse, porque una vez vieron el rostro del Ideal, y, no lo encuentran ya;

y, su Obra, es el esfuerzo, por traducir lo Intraducible. por revelar lo Irrevelado;

de ahí que toda Obra de Arte no sea sino un Esfuerzo, una Tentación de vuelo hacia el Ideal.

Estilizar su época;

aristocratizar mentalmente su época;

tal debería ser la misión de los escritores;

pero, ¿quién piensa en ello?

¿cómo aristocratizar esas burguesías panzudas y, apolíticas, que en nombre de la Moral, se niegan a la vacunación de las ideas, y, mueren de su lepra sobre un lecho de oro, donde han procreado los lechoncillos del mañana?

¿cómo estilizar, cómo dar amor de Belleza y formas de Arte, a estas democracias anafrodi- tas y, sumisas, que en su inquietud simiesca, no saben sino oscilar entre la Revuelta y la Ser- vidumbre, y, carentes de ideales, sólo tienen el placer de encanallarse condenando el Arte en nombre de la Libertad?

estilizaos, aristocratizaos, libertaos, artística- mente y, políticamente, vosotros;

y, si no, *embruteceos, bestializaos,* según el deseo de Pascal;

de todos modos, no os preocupéis de la adipo- sidad ambiente para curarla, sino para herirla;

matad lo existente;

sólo así podréis fundar algo, sobre las rui- nas...

———

Las alas de oro y sombra de nuestro Ensueño límpido, como una flor que duerme, se cierran, con la edad;

y, en la nocturna calma, del cielo gris y, oc-
ciduo, las pálidas estrellas, que ayer embelle-
cían la calma florescente, de las frondosas vías
por donde atravesábamos, sonámbulos parlan-
tes, se ocultan en la bruma nocturna, que se-
meja sudario de una tarde, que empieza a de-
clinar;

¿qué haremos sin Ensueños?

y, ¿qué sin Esperanza?

¡decoración noctívaga!...

en medio del Desierto, tu calma me apaci-
gua...

ya todo duerme en mí;...

sobre su seno de ágata, mi Noche taciturna
inclina la cabeza... y, llora...

la vencí.

———

Per amico silencio lunæ...

¿habéis sentido una caricia más suave que la
de ese silencio amigable de la luna?

florecen los jardines del Ensueño, con sus pé-
talos diáfanos...

el Éxtasis, como una flor de luz se abre, en el
zafiro obscuro de nuestra alma...

la musicalidad de las evocaciones, suena mór-
bidamente dulce...

en el estanque sagrado del Recuerdo, el ala
del Pasado, hace irisaciones ;

tiemblan las olas bajo el follaje verde : can-
tan ;

aéreas palpitaciones en la atmósfera, ¿es el
alma de las flores muertas?

los paisajes interiores viven... ¡con cuánta
Intensidad !...

todo por la caricia de la luna; de ese lotus
blanco en el azul...

y, el Silencio, su amante, tan deliciosamente
triste...

¡cómo crece á su sombra, la Inconmensura-
ble Melancolía, que nos transfigura...

las rosas de la Meditación se abren entonces,
como ojos húmedos, llenos de dulces mira-
das...

y, el alma se corona de ellas...

y, queda absorta, avara de sensaciones, como

flotante en la hialinidad crepuscular de la hora,
sosteniendo en sus manos rígidas, los lises sim-
bólicos del Dolor y, del Misterio...

———

¡Qué interesante y, qué desconcertante figura
la de este Antonio Moro, pintor holandés del si-
glo xv, que me es hasta ahora revelada, aquí,
en Amberes;

observad su técnica; ¿no encontráis que des-
ciende artísticamente de Holbein? sí; pero le
supera en colorido...

qué seguridad de mano; toques a veces bru-
tales; ciertos cuellos y, torsos suyos, parecen
esculpidos...

y, al lado de esa fuerza, ¿de dónde esa ter-
nura de colores, tan trasparentemente hu-
mana?

a los primitivos se acerca por la dulzura de
ciertos toques, por la *sfumatura* suave, cuasi
imprecisa de sus decoraciones .. algo de los de

Umbría cuatrocentistas, y, mucho de los de Siena, en los tiempos de Palma, hay en ese pintor;

en él no privan sino las figuras, que pinta con una conciencia inflexible de anatomista;

pero. mi admiración se la doy, por la aguda visión de Sicologo que revela en sus cuadros, ya sea en su « María Tudor », el Orgullo hecho Reina, ya en su « Peresson », el cortesano hecho bufón, siempre es la misma precisión de lineas y, el mismo relieve sin meplatos, que caracterizan su obra de retratista cortesano...

viajó en España y, retrató reyes y duques; ¿ de dónde esas tonalidades cinéreo-celestes, en sus contrastes de claro obscuro a veces bruscamente violáceos?...

rico de imaginación y, de violencia ¿ merece ser llamado, como lo fue « rival del Ticiano? »

eso que del bergamesco Moroni, se dijo con ampulosidad laudatoria, no puede con justicia decirse de Antonio Moro, que si llegó en algunos cuadros, a la nobleza del estilo ticianesco no alcanzó nunca la suntuosidad opulenta de aquel soberbio Evocador del Alma veneciana;

más cerca de Ticiano, está Caravaggio, con

sus tonos cálidos y violentos, llenos de verdadera luz veneta ..

más cerca el Dominiquino y Guido, Corenzio y Ribera, y, otros grandes coloristas, que tuvieron por decirlo así el alma solar;

pero, en Moro, lo que permanece, y sobrepasa su Vida, es la leyenda...

una leyenda que no puede contarse y no debe decirse...

y, que sin embargo consumió su Vida...

¿fué un Amor?

¿cómo se llama ese Amor?

callad... la llama tiembla...

no toquéis la llama.

———

Yo, no encuentro en ninguna parte, un espíritu sajón, en el cual no se vea la marca del esclavo;

me cae entre las manos un escrito de Williams James, el famoso pragmatista americano: « Las Virtudes guerreras de la Paz »;

James, se declara pacifista y, antimilitarista, y, ¿sabéis qué nos receta´ para conservar la Paz? *las virtudes guerreras*, el Orden, la Obediencia y el Sacrificio...

no riáis, leed el escrito;

y, ¿qué nos receta para adquirir o conservar la Libertad?... la *Sujeción completa a las leyes*, que debe ser la roca sobre la cual se edifica, el Estado...

¿no he dicho yo, que la Estatolatría, es sajona?

está visto; esa raza podrá fundar siempre el Orden, pero no fundará jamás la Libertad;

no me habléis de los Estados Unidos;

aquel Cesarismo de búfalos, no es la Libertad;

¿desde cuándo el filibusterismo cazador es el derecho?

no repitáis esa canción si no tenéis alma de colonos sometidos...

si no nacisteis. para perros de caza de un cow-boy, decid conmigo y, con la Historia, que esa raza, ni conoce, ni ama, ni da la Libertad...

¿que edifican ciudades?

sí ;

pero, no fundan pueblos ;

fuera de la Libertad, no hay sino rebaños...

y, ¿ las ovejas piensan ?

sí... como ovejas ..

Williams James, ha escrito « las Virtudes guerreras de la Paz... »

El viento aúlla a lo largo de la playa, como si fuese el alma del Mar, ululante y desencadenada sobre la Tierra...

así sentimos a veces, venir a nuestra Soledad, grandes aullidos en la Noche, voces de espanto, inarticuladas y polífonas, llenas del misterioso estremecimiento de lo Desconocido...

¿ de dónde vienen ?

Son las grandes voces de la Muerte, que salen de la boca abierta de la tumba...

ellas parecen decir :

de pie ! andad ! venid !...

— ¿ a dónde ?

—́ hacia mí...

¡ grandes voces sonoras llenas de presti-
gios !...

ellas son un himno en mi Soledad.

Así como Jesús ha sido un loco triste, embe-
llecido por los Evangelistas, Sócrates ha sido
un Sileno lividinoso, embellecido por Platón ;
dos fatalidades divinizadas.

Yo, no sé, si como dicen álgunos críticos, el
Arte Pictórico, holandés, no es un grande Arte ;
lo que sí aseguro, es, que es un Arte bello ;
hay en él, admirablemente expresado, el amor
de la luz, del Silencio, y, del Ensueño ;

sobre · aquellos canales embrumados, donde
un sol muy triste, hace reverberaciones de oro
muerto, diluido en tintes de moaré, ¿ no halláis
que toda el alma contemplativa de Van Goyen,
vaga como un gran cisne melancólico, perdido
en la Soledad ?

Van Goyen, es el Rodenbach del pincel, la
misma alma florescente y crepuscular, el mismo
sentimiento exquisito de triste y, suave belleza,
de imprecisión hialina, como de un rayo de
Sol, prisionero en el corazón, de un ópalo, la
misma calma acuática y lunar, la misma impre-
sión de un manso vuelo de ánades sobre los es-
tanques dormidos, en la pálida tarde...

el alma del Ensueño, flotando sobre el alma
del paisaje... tal un halo de estrellas sobre un
árbol florecido de magnolias...

el claro obscuro, que fué el alma y, fué la
fuerza de la pintura de Rembrandt, priva en
casi toda la pintura holandesa, con una obse-
sión imperativa, ora suave, azuloso, de un ín-
digo delicuescente, que recuerda la anilina de
los viejos primitivos, ora de un nácar verdoso
cuasi acuático, que hace pensar en los caballe-
ros del Grecco, ora en pinceladas atormenta-

das y, violentas, que como las del Spagnoletto,
tienen del azul del golfo y, el negro bituminoso
del yermo vesubial ;

gama sin matices, que llena con su imprecisa
dualidad, todas esas grandes telas, desde las
áureas, luminosas de Thomas Keyzer, hasta las
plácidas de Jonge, llenas de tonalidades difusas ;

Franc Hals, es belga, pero su arte es holan-
dés ; el arte holandés ha penetrado en él, y, lo
ha poseído, como la suavidad del Arte italiano,
penetró y modificó el alma tormentosa de Ri-
bera ;

Su « Vieille Femme a la Bible », emergiendo
de la tiniebla, hacia el cálido rayo de sol, que
la ilumina en su venerable belleza, tal un beso
filial, sobre el rostro ajado y pensativo, re-
cuerda las mejores creaciones de Van Ostande
y de Vermer, la misma mansedumbre austera
del paisaje, el mismo amor de intimidad fami-
liar, tierna y severa, la misma evocación má-
gica del alma de las cosas que, velan en torno
a la figura central, como grandes niños, pensa-
tivos, junto a la abuela que dormita...

almas, cosas y, paisajes, llenos de un verismo,
conmovedor e implacable ;

¿ por qué Jean Steen, ese exquisito y, sarcástico observador, no nos regala sino escenas molierescas, de una vis cómica dudosa en sus cuadros de Galenos?

otros habrá en otros museos, dignos de la Sagacidad pictórica de este gran ironista del pincel, que aquí se me esboza como admirable;

en cambio, qué suave y, penumbrosa alma de misterio, qué exquisito soplo de ensoñación en estos « Claros de Luna » de Art : Van der Neer...

son un lied hecho al pincel...

Si en todos estos cuadros, la simplicidad de os-horizontes roba algo a su grandeza, el encanto, la frescura de las líneas del paisaje, la linda armonía de las coloraciones, les dan un encanto de sinceridad, de ingenuo romanticismo, y una deliciosa sensibilidad, que los hace vagamente ensoñadores...

¿gran Arte?

yo, no lo sé ;

Arte *encantador* ese es el título ;

encantador también a todo diletantismo, un poco emocional y soñador.

¿Qué le importa al Hombre, que es feliz un momento y ríe olvidando su Dolor, saber si su risa es un fenómeno mental, que viene de la sensibilidad coorgánica o simplemente periférica y central o, es un modo de sensibilidad funcional disociada?

¿de qué serviría a su Placer, esa cruel anatomía de su risa?

¡acaso para matarla!

ya el viejo Eclesiastés lo dijo : « el que añade ciencia añade dolor...

feliz de aquel que puede reir...

y, ríe... sin saber cómo, sin saber por qué...

¿necio?

¿qué os importa el nombre de aquel que es feliz sobre la tierra?...

Un Hombre, es, un espectáculo, casi siempre monótono o pueril ;

si logra hacerse interesante, no es sino bajo las facciones del Horror...

¿ lo bufo ?

eso, no pertenece al Hombre ;

eso, es el atributo de los monos ; o de ciertos hombres que están tan cerca de los monos que se confunden con ellos.

———————

Buscarse a sí mismo... y, encontrarse...

¡qué pavoroso encuentro !

¿ no seria mejor ignorarnos ?

así no tendríamos el derecho a despreciarnos; o el más triste aún, de compadecernos,...

Las tropas italianas, avanzando hacia el Benghasi, han hallado los cadáveres de sus bersaglieres, clavados en cruz por los árabes ;

eso me recuerda a Polibio, que nos refiere, cómo los antiguos cartagineses, crucificaban los leones a la vera de los caminos ;

y, pienso que los hombres que nos sucederán mañana, en los senderos escabrosos del Pensamiento, hallarán también muchos leones, crucificados, a lo largo de la Vía...

serán sus precursores...

un ejército de bárbaros pasó ante ellos, y, todos hundieron en sus pechos, la punta de sus lanzas ;

Longinos, es eterno ;... como Caín.

———

Puede que el trabajo de los Pensadores, llegue algún día, a *explicar* el Mundo, pero, no llegará nunca a justificarlo ..

lo absurdo de esa creación, se opone a toda justificación ;   ●

tan absurdo es el Mundo, que, para explicárselo, el Hombre, ha tenido necesidad, de un absurdo aún mayor, y, ha creado a Dios...

y, ha exclamado :

Credo in absurdum.

———————

¿No os ha sucedido sentir mucha gratitud, por ciertos rincones de un jardín, o ciertos árboles cariñosos, que abrigaron bajo su sombra un minuto de vuestro amor ?

volvéis a ellos con predilección, interrogando su Silencio, y, agradeciendo a la Naturaleza que no ha dado voz a los árboles y, a las flores, porque· ¿quién entonces guardaría vuestro secreto?

Besar por Enojo, es más triste que besar por
Gratitud...

ambos son los funerales del beso.

———————

En cierta edad de la Vida, ya no se hace es-
fuerzo ninguno para olvidar ;

y, eso, porque en esta edad sin placeres, no
tenemos otro placer que el del Recuerdo ;

y, toda nuestra Voluptuosidad, está en evo-
car nuestras voluptuosidades ya difuntas ;

y, todo nuestro goce, está en evocar nuestro
Dolor...

y, verlo definitivamente muerto, nos regocija
un poco

Principiamos por hacer de un Amor, nuestro
Placer...

y, él, se venga, haciéndose después nuestro
tormento.

———————

El Ideal, realizado, no es ya el Ideal ;
es casi siempre el cadáver de una gran Vul-
garidad.

———————

El alma llena de demasiados secretos, tiene
que confiarse á alguien, o a Sí Misma ;

de lo contrario moriría, ahogada por su pro-
pia savia ;

lo mejor que hay en nosotros, es el Silencio;

sí, pero no el de nuestros labios, sino el de nuestro corazón...

y, ése, no se calla jamás.

———

El reclamo horaciano, hacia la tranquilidad del campo, y, la vida en reposo, y, la canción serena de los valles...

¿quién no lo ha sentido en lo más hondo del corazón?

¿quién?

¿tendremos esa calma campestre?

¿dormiremos bajo rosales?

¿nos arrullará el epitalamio de los nidos?...

sí... todo eso lo tendremos algún día... en el fondo de la tumba...

ése es el huerto de Horacio...

Nada hay igual a la fascinación de ciertas tumbas...

¿por qué creemos que en ellas duerme parte del ánima nuestra?

entre el Sueño luminoso y; la Vida, brutal, esas tumbas silenciosas dicen augustas palabras...

inclinados a la orilla del Misterio... escuchamos...

y, nuestro corazón tiembla, ante aquellas sombras tan grandes como nosotros y, como nosotros dolorosas...

———

Aquel que esboza una obra de Arte y, no la realiza, debe sentir despedazado su corazón, ante el ideal del Templo que soñó levantar, y, los muros de la Ciudad Espiritual, que huye de él, como un miraje...

he ahí un Dolor ahorrado a mi corazón...

y, ¿ no habría sido yo, más feliz con ese Dolor ?...

feliz...

¿cómo es posible que un hombre que ha vivido años sobre la Tierra, diga esa palabra?

ella, no florece sino en los labios y, en la mente de los locos...

y, sin embargo, ella es toda nuestra Esperanza...

¡y, por ella enloquecemos!

———————

Las fuentes me hablan de cosas muertas, de otras edades reminiscentes, de misteriosas cosas lejanas que fueron idas...

las armoniosas fuentes romanas...

¡cuántas grandezas desaparecidas las que arrullaron !...

las alas de las águilas hicieron, turbio el caudal de sus sonoras aguas;

y, los cielos del Lacio, las hicieron mansos lagos de azul...

grandes copas de pórfiro, los labios de la Conquista apuraron sus ondas dislocadas...

y, bebieron en ella los corceles de los grandes viajeros de la Muerte : de Atila a Garibaldi ;

turbias las hizo el Vicio, en la equívoca paz de sus conventos ;

los lirios del Señor, en ellas se miraron ;

rojas la sangre a veces las tornó ; hizo púrpura el manto de sus ondas ;

el alma del canto duerme en ellas ;

y, el lamento también ;

unas de Monte Mario, otras de Albano, la gracia de los pinos retrataron ;

por la campiña taciturna fueron ;

y, la sombra silente de los cielos cantó en ellas ;

los gigantescos lirios de oro de sus cúpulas bárbaras, las vieron descender, retratando sus grandezas ;

las gemas palatinas, las miraron con grandes ojos de ágatas ;

las sombras de sus leones extendieron sus melenas de piedra sobre ellas : alas recordatorias del Desierto... las velaron ;

y, en el sereno Olvido ellas corrieron, por la rugosa mano de los siglos...

y, van por el verde cromático del valle ;

y, retratan el Sol entre sus urnas : como una momia de oro ;

y, cantan la canción de las edades; entre los labios del marmóreo vaso...

versos de Eternidad, que van diciendo;

y, la Gloria de Roma van cantando, bajo el divino cielo inimitable...

que vió el reinado de los grandes dioses...

y, su Exilio, miró...

y, vió llegar el lábaro harapiento traído de los desiertos de Judea...

y, el Patíbulo, hecho Sol...

. . . .

y, las fuentes, las cruces retrataron ;

y, el Himno de la Belleza calló en ellas...

pero, el Mito, vacila, ya vencido...

pronto el tramonto de la cruz, será...

y, las fuentes verán morir a Dios ;

y, el canto del Olvido le dirán...

Ciertos libros inconclusos, ciertos fragmen-
tos póstumos, como las Poesías, y, el Diario de
Maurice de Gerin, ¿no os producen la impresión
de ciertos arcos de templo, que se ven aún en
Teormina o en Delfos, cuyas columnas se perfi-
lán bajo la pureza del cielo, en una calma di-
vina de Soledad y de Misterio?

———

Mi mejor obra, soy Yo, Mismo;
esa debe ser la divisa, de aquellos, muy po-
cos genios, que han hecho de su Obra una Epo-
peya y, la han vivido.

No hay sino una manera de conservar su
Ideal : no salir nunca de él ;

tratar de realizarlo, es ya tratar de matarlo,
es decir de matarnos ;

la forma más cobarde del suicidio, es matar
su propio Ideal ;

un hombre sin Ideal, es un ser que no vive,
y, que no sale sin embargo de la Vida ;

el cadáver de su Ideal, lo envenena sin ma-
tarlo ;

———

La Fuerza, unida á la Melancolía, da a los
escritos de ciertos pensadores muy altos, un
encanto terrible y misterioso, como de mares
remotos, hundidos en el crepúsculo...

leyéndolos ¿no os sentís como un vértigo en
las cimas ?

¿ no os asalta el calofrío de Job ?

un Espíritu ha pasado también ante vos-
otros...

el espíritu del Genio

y, el espanto sagrado, tarda en dejar sereno
vuestro corazón...

———————

Quejarse, es un impudor; y un impudor in-
útil...

nuestra queja inspira la Piedad, el más insul-
tante de todos los sentimientos que podemos
inspirar;

nuestro deber es callar y devorar nuestro
Dolor...

y, agonizar suntuosamente sobre la escuadra
vencida de nuestros propios sueños;

escuadra vencida por la Tempestad, no por
los hombres;

¿de dónde sopló esa tempestad?

en mí, brotó del fondo de mi propio cora-
zón...

¡ay! yo fuí mi gran Enemigo...

tal vez el solo que verdaderamente me causó Dolor sobre la Tierra.

————

A thing of Beauty is a joy for ever;

he ahí una bella divisa para una Vida de Artista;

y, ¿no lo era Keats, cuando escribió Endimión?

————

Yo, tengo una Virtud, la de la Impudencia, decía Calígula;

la frase de este loco, me hace pensar en la peor de las impudencias : la de la Virtud;

los comerciantes de la Virtud, son mil veces

más despreciables que los comerciantes del
Vicio ;

he ahí porqué desprecio tanto a los sacerdo-
tes : porque ellos comercian con ambas cosas.

El Misologismo, es pues el Escepticismo?

¿Aristóteles, se hizo misólogo por odio a la
Razón. como se hizo misántropo por odio a los
hombres?

yo, sospecho que fué por haber esperado
mucho de ellos, que un día dejó de amarlos, y,
al dejar de esperar, dejó de creer;...

así como el Misogenismo de tantos, que es
por haber amado mucho la mujer, que un día
llegan a odiarla ;

siempre es una ilusión la que nos lleva a un
culto, y, un desencanto el que nos aparta de
él...

y, lo que gime, bajo las ruinas de toda ado-
ración, es el alma de un instinto herido.

No son nuestras ideas, como pretenden los racionalistas, ni nuestros sentimientos, como quieren los pragmatistas, sino nuestros instintos, los que gobiernan nuestra vida;

todo en nosotros, está bajo la dependencia inmediata de ellos;

no hay otra Filosofía posible, que la Filosofía del Instinto;

porque la Filosofía, no es un estado de alma, ni siquiera una resultante del sentimiento, sino un producto de sensaciones generadas por el Instinto;

las más altas ideas, como las más bajas pasiones, son hijas del Instinto;

toda nuestra Estética y toda nuestra Ética, residen en nuestro Instinto:

y, por eso, no es *bello* a nuestros ojos, y, no es *bueno* a nuestro corazón, sino aquello que balaga nuestros instintos o va de acuerdo con ellos;

lo demás es, el impresionismo filosófico, un vago sueño metafísico, cualquiera que sea el nombre que quiera dársele;

fuera de la Fisiologia, no puede haber Filo-
sofía, porque nuestro *Yo* filosófico, no es sino
la resultante de nuestro *Yo* fisiológico, *único
existente;*

y, la Fisiología es, el Reino del Instinto;
único Reino Creador.

El Pragmatismo Estético de Nietzsche;

el Pragmatismo Científico de Henri Poincaré;

y, aun el Idealismo Dinámico de Berthelot;

¿qué son sino el reinado de las Ideas Fuerzas?

y, como toda Idea, viene del Instinto, ¿qué
son pues, todos esos pragmatismos ideológicos,
sino idealismos del Instinto más o menos deter-
minados?

y, pensar que Nietzsche, se llamaba a sí mismo
el Enemigo del Ideal...

pero... ¿qué hacer?

Si un Filósofo no se contradijera, entonces
¿para qué filosofaba?...

Esa teoría de la Verdad Moral, opuesta a la Verdad Intelectual, no es de Williams James, y, su filosofismo yanqui, que genera, sino de Aristóteles;

toda ella está en el Estagirita;

es el mismo caos ideológico y, conciliador, que se hace antirracionalista, por odio al anti-moralismo, y, a los engaños de la Razón, no encuentra otra cosa que oponer que la mentira de la Moral;

no hay Verdad·Moral, ni Verdad Intelectual, no hay sino Verdad Personal;

cada hombre tiene *su Verdad;*

mi Verdad, que dijo Stirner.

———

¿Qué hay detrás del Dolor? el Dolor...

y, ¿más allá? el Dolor...

y, siempre el Dolor... porque el mundo no es sino un horizonte de almas, y, cada alma es un Dolor...

de todas las blasfemias de la Vida, la única criminal, la única horrible, sería haber hecho mofa del Dolor...

todo ser que sufre, es sagrado... porque en todo corazón herido, hay un fantasma de nuestro propio corazón. que llora...

la Fuente de la Fraternidad; he ahí el nombre de las lágrimas;

¿quién no ha abrevado en ella?

todos nos hemos encontrado en sus orillas, todos nos hemos inclinado sobre ella y, hemos visto el rostro de nuestro Dolor, en el alma del Dolor de todos...

y, hemos temblado heridos por el mismo Dolor...

———

Ser actor y, espectador de su propia Tragedia;

ser el Héroe, y, el cantor de su Epopeya
Intima : Aquiles y Homero ;

he ahí un desdoble de personalidad, que no
es concedido sino a las naturalezas de excepción,
a aquellas, muy pocas, que son capaces de
embellecer el Mundo y de llenarlo con su re-
nombre...

———

La facultad de crear, centuplica la Vida ;

a cada creación de nuestro Pensamiento, nos
sentimos vivir siglos multiplicados ;

el Arte, es, lo único que puede dar Idea de lo
Infinito.

———

Una de las tristezas de una grande alma, es
saber que no puede comunicar a los otros, su
grandeza ;

sólo la bajeza es contagiosa;
toda superioridad es un aislamiento.

———————

Ningún Hombre Superior se burla de otro;
es a nuestros inferiores, que les es dado ese
placer.

———————

El mundo, tiene necesidad de devorar siempre
algo, y, el día más feliz del mundo, es aquel en
que le es dado devorar un grande Hombre.

Cuando una gran herida ha desgarrado nues-
tro corazón, y, todo consuelo nos parece lejano
y, casi imposible, el arte hace su aparición, nos
recuerda que lo hemos amado y, que nos ama,
y, en su divino corazón nos da un refugio...

y, sus visiones evanescentes llenan nuestro
horizonte, y con la misericordia de sus alas nos
ocultan por igual, la miseria de la Vida y el ros-
tro del Dolor.

¿Por qué extraño contraste, Francisco el de
Asis, el alma que con mayor candidez y más
pasión, ha amado la quimera de Dios, ha
sido el primero en cantarlo en la lengua más
humilde y más vulgar, lengua de campesino,
cercana al balido de las ovejas cuyo vellón aca-
riciaba?

todas'las pompas de la lengua latina, se rompen en este Virgilio celeste, hecho a hablar la lengua de los pájaros y, de las fuentes, y, a dialogar amablemente con las rosas;

leyendo sus « Fiorettes » ¿no os parece asistir a la sinfonía de un prado, en el cual cada flor es un pájaro que canta, y, cada ave es una flor que vuela?

¡cuán grata debe estar la Naturaleza, a aquel mendigo soñador, a aquel trovador de Dios, que la hizo gemir como un órgano divino al contacto de sus manos místicas, hechas a acariciar el tallo de los lises;

el alma se hace vagamente soñadora, y, sonríe a aquel enamorado de una sombra, que pasa ebrio de Fé, cantando bajo el cilicio las alegrías del Amor Divino;

¿qué amor no es una locura?

¿qué amor, no es una embriaguez?

¿que queréis? yo, amo mucho la Musa de este Hermano Simplicio, que se abre como una margarita del campo, sobre la tumba del mundo antiguo, adornada de rosas de Anacreonte, y, de las vides que cantaba Horacio;

este poeta del Amor de Dios, que llena el

campo con el olor de sus « fioretas », nos venga de tanto poeta del dios Amor, que empestan la atmósfera, con el vaho de sus sexos en rut;

si el alma tiene necesidad del Amor, dejad, que San Francisco ame a Dios, como Verlain amaba a Rimbaud, o Santa Teresa amaba al Cristo...

todo es amor.

———————

La Poesía, es necesaria al alma, para no corromperse;

ella aleja del pensamiento las cosas bajas y ruines que lo pueblan, así como aquel Aëda que Agamenón, dejó cerca de Clitemnestra cuando partío a la guerra de Troya, para que distrajera y, levantara su imaginación, cantándole las glorias del Pasado;

cuando Egisto quiso corromper la Virtud, lo primero que hizo, fué arrojar la lira al destierro...

sin la Poesía que la encantaba, la Virtud, no
supo resistir;

y, se marchó con la Poesía...

———

Cuando Atenas proscribió a Esquilo, se declaró
pequeña para albergar tanta grandeza;

su decadencia comenzaba ya, porque había
aparecido Sófocles;

era el alba de Pratinas;

ya llegaría la noche con Sócrates;

Sófocles, absolvió los dioses;

Esquilo, no quiso hacerlo;

ese fué su crimen;

y, los dioses, se vengaron por mano de los
hombres;

siempre es así;

los dioses tienen necesidad de ser perdonados;

el águila que mató a Esquilo, en las playas
de Sicilia, hirió la única frente que se había
alzado más alto que el Olimpo;

el último Profeta griego, cayó en la playa sonriente;

el Cáucaso desnudo, se envolvió en su manto de nubes, para ocultar el cuerpo desgarrado de Prometeo;

y, los laureles afeminados de Delfos, florecieron todos, para coronar la lira de Sófocles;

por entre ese cortinaje de flores se veía avanzar la rumorosa legión de los sofistas;

ellos, matando el alma de Grecia, la arrojarían del mundo;

como ella había arrojado a Esquilo de Atenas;

Sócrates vengó a Esquilo.

Soñar, pensar, sufrir : he ahí toda la Vida;

trazar sobre el papel el vuelo de esos sueños, el esbozo de esos pensamientos, el grito de esos dolores, hacer del corazón una lira y, ensayar sobre él, todas las musicalidades del Recuerdo...

he ahí el único engaño posible para este triste engaño que es la Vida.

———————

Tengamos siempre un Ideal;

si no podemos realizarlo, muramos de rodillas ante él, fijos los ojos en su sereno rostro, que ha sido el Sol de nuestra Vida...

y, no apartemos los ojos del Ideal, sino para mirar apasionadamente el rostro de la Muerte...

ella también es un Ideal;

el único que no muere...

———————

¿Qué alma delicada y, refinada, no prefiere las amables tristezas de la Soledad, a las bajezas de la promiscuidad?

la soledad tiene de noble, que la riqueza no
es necesaria para vivir en ella;

nunca falta el cuervo de Elías, que lleve su
alimento al Solitario;

el Carmelo, también tiene su maná.

––––––––––––

Lo disgustante de ciertos triunfos, está en
haber tenido que disputarlos;

el contacto con los vencidos, basta a hacer
triste la Victoria.

––––––––––––

Nunca seremos bastante gratos a la pasión de
escribir, porque es en ella, que nos refugiamos
para huir de las otras pasiones;

y, ella nos purifica.

Cuando Banhsen niega *el placer* de lo que él llama, « sensaciones intelectuales » ¿niega el placer casi sensual de la Contemplación?

¿ no le fué dada a este filósofo, la alta y exquisita voluptuosidad de ser un contemplativo?

porque hay una voluptuosidad verdadera y, casi morbosa, en las horas serenas y lúcidas, de la Contemplación Intelectual;

no hay brazos de mujer, ni boca de pecado, que brinden goces, goces iguales a esos momentos de soledad y, de abandono, en que lejos de la Vida, dejamos vagar nuestro Yo, mental, en mundos de una idealidad perfecta;

esa sensualidad del espíritu, es decir, de la parte más noble de nuestro Yo, sensorial, no tiene igual, no es comparable en vehemencia, a ninguna de las otras sensaciones que la exacerbación sensual de nuestros órganos puede producirnos;

la exasperante y deliciosa sensación que experimentamos al descubrir por primera vez el cuerpo desnudo de una mujer, no es comparable en goce agudo e intenso, a la que sentimos alzando el velo del Misterio, que cubre el rostro augusto de una Idea ;

los viejos eremitas pudieron soportar su soledad sin la caricia de la mujer, pero no habrían . podido soportarla, sin el amor de las ideas ;

no fué que renunciaron a la Voluptuosidad, sino que se reservaron la más alta : la Voluptuosidad intelectual ;

ved los ojos de San Gerónimo, son los de un Sátiro en éxtasis...

su sensualidad desnuda se extiende sobre la cruz y, la besa ..

el beso del Amor, no muere nunca...

La sed de interrogarnos mata en nosotros toda poesía ;

¿ por qué empeñarnos en no dejar nada oculto en nuestros parajes interiores, un rincón de sombra en donde impere el Misterio ?

es necesario que algo misterioso quede en nuestro corazón, para que quede en él, algo bello; que podamos amar ;

toda cosa revelada, es una cosa muerta...

¿por qué empeñarnos en matar la belleza en nuestro corazón ?

———————

No se puede ser estimado de los otros, sino a condición de perder nuestra propia estimación;

tal es el grado de vileza necesario para tener amigos ;

y, ¿ qué vale el aprecio de los otros, frente a frente de nuestro propio desprecio?

———————

Sólo a una condición las ovejas amarían a los

leones ; a condición de que se cortaran las garras ;

y, a esa misma condición las gallinas hallarían bellas las águilas y, llegarían a amarlas ; .

pero, los leones continúan en ser terribles, prefiriendo el desierto a la fraternidad del rebaño ;

y, las águilas continúan en amar su soledad, prefiriendo sus rocas a las fraternidades del corral ;

eso disgusta mucho a las ovejas y a las gallinas ;

si éstas supieran escribir... ¡qué libros harían contra las águilas y contra los leones!...

Es tan fácil tener amigos... para eso basta renunciar a nuestra superioridad ;

es tan fácil tener admiradores... para eso basta renunciar a nuestra personalidad ;

es tan fácil tener partidiarios!... para eso basta renunciar a nuestra libertad ;

lo que es difícil, es conservarnos, personales y libres... y, para eso, basta entrar resueltamente en la Soledad...

y, no salir nunca de ella.

———————

Todas las aristocracias, llegan a perdonarse un día, a condición de que abdiquen ;

la sola aristocracia que no se perdona nunca es, la del Genio ;

y, eso porque el Genio, no abdica jamás, como no puede abdicar el Sol, que queriendo acercarse a la tierra la quemaría.

La mujer, es la obra más bella de la Naturaleza, pero, no es nunca tan bella como la Naturaleza;

¿qué bellos ojos de mujer, son comparables a la belleza de un crepúsculo?

¿qué boca de mujer, es comparable al cáliz de una rosa?

¿qué perfume de mujer, es comparable al perfume de un nardo?

¿que cutis de mujer, tiene la suavidad de un pétalo de azalea?

¿qué manos de mujer, son comparables en su tersura a la suave nitidez de un lirio?

la belleza de la Mujer, es precaria, y, la de la Naturaleza, es, eterna : la Naturaleza no envejece...

¿qué queda de una mujer que ha llegado a la vejez y, que no ha sido madre?

tal vez es esa, la única ruina que no tiene Poesía;

lo único bello en la Mujer, es, el sexo;

de ahí, que la belleza de la Mujer es nuestra Sexualidad, quien se la da;

y, es nuestro Deseo, quien la embellece para embellecer desmesuradamente nuestro Placer.

En la tarde de la Vida, el recuerdo de tantos besos pasados, no basta para borrar la impresión de ciertos besos recientes... tan inefablemente perversos...

y, sin embargo, se huye de ellos;

su frescura vivificante, llena de una divina inconsciencia, hace mal a nuestra fatiga;

en esta hora, cuasi nocturna, hay que resguardarse de los grandes golpes de aire, y, de los de la pasión;

¡oh Prudencia! ¿cuál es tu verdadero nombre, frente al Amor, en esta edad de la Vida?

Puede que al fin de una visita, rodeados de mucha gente, no tengamos nada qué decir;

pero, es imposible, que al morir de una bella tarde de Otoño solos con nosotros mismos, no tengamos muchas cosas qué decirnos...

las manos inertes, los labios quietos, somos entonces, los grandes músicós de nuestros pensamientos;

orquestamos y, ejecutamos a la vez, todas las sinfonías de nuestro corazón: las lamentables del Recuerdo y las visionarias del Porvenir;

y, estas últimas suelen terminar en los acordes de una marcha fúnebre;

son nuestros funerales, que pasan a la vista de nuestros propios ojos;

¡están ya tan cercanos!

La sola Poesía real en la Vida, es, la del
Recuerdo...

contar nuestra Vida, es vivirla dos veces, y,
llorar dos veces sobre ella.

Las más bellas de nuestras visiones, son
aquellas que hemos visto a través de nuestras
lágrimas ;

¡ ay ! muchas de ellas, no han sido acaso, sino
nuestras lagrimas cristalizadas.

———

Las mujeres muy bellas, inspiran más admi-
ración que deseos ;

y, aquéllas que inspiran más ardientes deseos,
apenas si podrian llamarse bellas;

———————

La perversidad, o mejor dicho, la perversión,
es el numen del Placer ;
sin ella, éste tendría la monotonía de un vicio
orgánico : una repugnante necesidad ;

———————

Es una gran victoria, poder analizar los seres
que amamos ;
el conocimiento de sus defectos, no mata
nuestro Amor ; lo solidifica ;
y, llegamos a amarlos, no ya a pesar de sus
defectos, sino por sus defectos mismos.

De todas las pasiones, las más tristes, son aquellas que no pueden confesarse ;

los celos de un amor que no se ha dicho, nos devoran el corazón a fuerza de ocultarse, y, no dejan a nuestro dolor, el triste consuelo de gritarlo...

triste amor, aquel que lo primero que nos arranca es la lengua, y, nos deja los ojos, no para contemplarlo, sino para llorar el Dolor de haberlo visto.

––––––––

No temáis a aquel que se cree en el deber de manifestaros su Odio : ése está ya vencido ;

temed a aquel que lo oculta ;

ése tiene el designio de deslizarse a vosotros, y, reclinarse en vuestro corazón ;

el alma de Judas duerme en él.

Los más fuertes y nobles pensamientos, los que no mueren nunca, son aquellos que se hacen carne y penetran en nosotros, hasta las más hondas raigambres del Instinto, y se disuelven en él;

ésos florecen, en la solitaria flor de una Pasión.

———

El peligro del Amor, es que nos acecha bajo todas las formas, aun bajo las del Odio...

y, en este último caso, es invencible.

Aquellos que más nos odian, tal vez sufren, en el fondo, de no podernos amar.

Hay placeres fuertes, como la Lujuria, nobles, como la Admiración, grandes, como la Ambición, tenebrosos, como el Odio, pero, sin duda el más alto, el más refinado, el más exquisito de todos, es el suave placer de la Melancolía.

No tenemos el poder de crear nuestra Vida, pero tenemos el poder y el deber de modelarla, de estilizarla, según un tipo de elegancia mental y personal, que llegue a sernos propio ;

y, es sólo obedeciendo al imperio de nuestro temperamento, que podremos vencer;

lo demás, es empeñarnos en ser vencidos; y, lo seremos;

la mayoría de los hombres, fracasa por eso, porque se empeñan en querer ser distintos de como son, y viven en una perpetua violación de su naturaleza; y, la Naturaleza, no quiere ser violada.

El culto a la Justicia, es una Religión bien cruel, porque el primer sacrificio que exige, es, el de nosotros mismos;

es siendo Inexorable consigo mismo, que se adquiere el derecho de serlo con los otros;

lo demás, es, escupir al cielo;

el cielo nos devuelve la saliva en una lluvia de dardos.

Un contemplativo, es siempre un hombre de acción, en el mismo grado que un guerrero, sólo que su heroísmo es más pertinaz y, sus combates se lidian por igual en las soledades del cielo y, los tumultos de la Tierra;

toda Vida de Pensador, es un Poema, lleno de una suave y, tenebrosa serenidad...

———

Toda alma verdaderamente elevada, sufre tarde o temprano, la prueba del aislamiento absoluto, y, se encamina a él, pór la senda de todas las lealtades;

la Sinceridad, aísla, y, no se puede ser sincero sino a condición de ser un Solitario;

la Soledad es el único amor que no nos pide ficciones.

Preservarse : he ahí el gran deber ;

es decir : aislarse en su Orgullo, grande y sereno...

impenetrable en el claustro de su soledad ;

ocultar su corazón herido, borrar las huellas de su sangre, para que los perros de la Piedad, no vayan tras de ella, lamiéndola, y, aullando el aullido de su Misericordia ;

no basta haber matado la Piedad en vuestro corazón ;

es necesario no hacerla nacer en el corazón pérfido de los otros ;

sentir la Piedad, es ya una Inferioridad ;

pero, hacer por inspirarla, es ya la última pasión de los seres inferiores.

———

Hay gentes que se abstienen de destruir por temor de no tener tiempo de edificar ;

¡qué cobarde corazón el de aquel que no sabe dormirse sobre las ruinas, y, aspira a fabricar algo para albergar las suyas!

¿ Veis un jardín de Turner?

es una confabulación de oros divinos...

una áurea coloración hecha con los cabellos de la Aurora ..

¡qué opulencia de rosas! se dirían caídas de una dalmática papal;

los lirios marescentes, como hechos de un cristal solar;

en el azur grave, una gran melancolía;

verdes de luna, haciendo mágicos los árboles;

céspedes como metálicos, desgarrados por el rojo violento, los claveles...

¿qué labios han bebido en ese ciborio de cristal, el mismo vino que embriagó a Ticiano?

cielos de Octubre, de ámbar y cinabrio, opulentos de espléndida tristeza;

el alma del Otoño sollozando;

y, el alma del crepúsculo muriendo;

y, por sobre todo eso, el alma de Turner, esa alma de orgullo y soledad, tendiendo el ala...

¿no amáis ese sensitivo exquisito y, apasionado que fué Turner?

¿nada os dicen la tristeza vaga y, misteriosa de sus jardines, lo opulencia divina de sus cielos otoñales, la orfebrería sutil de sus calmas florales, el oro mórbido de sus rosas desfallecidas?

¿amáis mejor los cielos fastuosos del Ticiano, las apasionantes coloraciones del Carraccio, las violentas tonalidades de Rienzi? auroras de púrpura y, ponientes de escarlata?

¿os seducen los horizontes pálidos, las lejanas albas delicuescentes, los prados conventuales, donde se abren flores de nácar, bajo altos cielos de alabastro? amáis los primitivos?

no temáis decirlo;

cada uno tiene la Estética de su propio temperamento;

¿qué queréis?

yo amo mucho a Turner, y, quisiera para mi tumba, uno de sus jardines, penumbrosos, misteriosos, que el Silencio va envolviendo lentamente en un manto sideral...

y, las rosas van cayendo suavemente, suavemente, como besos escapados de la boca del rosal...

En la Obra de un Hombre libre, puede haber cosas obscuras, laberínticas, desesperadamente tenebrosas, que ojos poco experimentados en eso de mirar a las cimas, o en las profundidades, hallarán incomprensibles, pero, el rayo de Libertad que estalla en esos cielos opacos, los llena de tanta luz, que los hace claros, trasparentes, nítidos, a los ojos de aquellos que saben mirar en los cielos tormentosos del Pensamiento, y, están familiarizados con el rayo, que vibra en las cimas de la Libertad;

en la Obra de un Hombre libro, puede haber cosas de esas que se llaman malsanas, morbosas, y, que son irrespirables para pulmones dé-

biles y corrompidos, trabajados por todas las
infecciones, pero sobre ellas sopla tal viento
huracanado de tempestad, que las purifica, las
rarifica, y, levanta su esencia purisima hacia la
cima, tal un polen de flor que se alzara hacia
el cielo tenazmente apasionado por fecundar
una estrella.

————

La Fortuna es de todos los soberanos, el que
tiene más favoritos, pero, es también, el que los
rompe más pronto.

————

A los genios se les pide constantemente abdi-
car de su Orgullo ;

¿ por qué no se les pide a los mediocres legi-
timar el suyo ?

y, ellos no se encargan de legitimar sino su Envidia?...

Los que creen en una alma inmortal, deberían principiar por demostrar que tienen una alma...

lo de la inmortalidad... eso, los gusanos que les devoren las orejas, se encargarán de cantarles el himno de ella...

porque es seguro, que los gusanos, se creen también inmortales, devorando el rostro de la Muerte.

No es el Idealismo absoluto, el que conduce a la Locura...

es la Locura la que conduce al Idealismo Absoluto;

sólo que el más poderoso Ideal de estos locos, es, ocultar el suyo...

y, ¿cómo no, si su Ideal es su Locura?

————

El Aplauso Social;

he ahí el Premio Nóbel de la Imbecilidad...

————

Tal vez la hora más triste de un Pensador, es, su hora de Getsemani.

la misma hora de su Calvario, es bella, en presencia de este sudor de sangre en las tinieblas, en espera del Osculo Traidor;...

la esponja del Sicario es una miel, comparada a los labios de Iscariote...

en el Huerto, nos besa la Amistad, y, eso mancilla ;

en la cruz, nos besa la Muerte y, la Muerte es pura ;

ella, nos purifica de tódo, hasta del beso de Judas...

Si no nos viésemos atacados, ¿ cómo probaríamos nuestra Fúerza ?

es necesario al águila sentir bajo sus alas, la picada del cernícalo, para elevarse más en su vuelo, y, perderse en lo Infinito .

Los que atacan brutalmente nuestra Vanidad, es porque creen que les hemos robado la suya...

y, ya no tienen de qué envanecerse.

————————

Yo, no envidio las gentes que están alegres, porque me pregunto : ¿ qué gran Dolor quieren olvidar ?...

la sonrisa es una rosa sobre la tumba de algo que hemos querido sepultar, y, que no ha muerto ..

————————

La manera de ver la Naturaleza, indica bien nuestra propia naturaleza, porque nuestra admiración, es un reflejo de nuestro *Yo*.

Ser honrado, es ya una cosa bien inútil.

pero, sentirse honrado, es, una cosa bien triste...

pavorosamente triste.

———————

¿Un libro os hace sufrir?

leedllo ;

ese libro os salvará.

———————

Qué alegría tan grande hay, en negar la Alegría y, en apostatar de ella.

El escritor que habla por diminutivos, es porque habla diminutamente ;

los héroes de Homero, no combatían con alfileres ;

cuando yo, leo, versos, llenos de « cabecitas blondas », « virgencitas queridas », « manecitas liliales » pienso instintivamente, en todos esos rimadores, con almas de costureras sentimentales, que infestan nuestro Parnaso ;

y, digo : hay algo más diminuto que un diminutivo, y, es el alma de estos modistos del Verso ;

tan amados... y, tan nervos.

—————

Hay gentes que sienten el Orgullo de su Moral, sin que puedan explicar la Moral de su Orgullo.

Los otros, no nos perdonan la Fé, en nos-
otros mismos, porque saben que la hemos ad-
quirido perdiendo la Fé, en ellos ;

y, la idea de no sernos necesarios, les es, ne-
cesariamente penosa.

Es muy triste no tener nada qué decir a un
ser confiado que se refugia en nuestros brazos;

. esa falta de palabras, es tal vez la razón de
muchos besos...

y, es a causa de esos silencios forzados, que
nacen muchos hombres;

los hijos del Fastidio. ·

Un diletante en Amor, no se satisface siem-
pre, pero no se agota jamás...

la subtilidad de las Sensaciones es exquisita ;
como todos los vicios.

———————

El encanto del Vicio, como el de Luzbel, está
en su reprobación ;

un Vicio, que fuese permitido, no sería un
Vicio, sería una costumbre, sin encantos ;

algo así tan miserable, tan ridículo, y tan
enojoso, como el Matrimonio.

El que tiene horas de lucidez, ¡cómo tiene horas de Hastío!...

y, es en esas horas, que se piensa en el Bien... a falta de otra cosa en qué pensar ;

es la hora en que los hombres, se matan, o creen en Dios...

se salvan por la Muerte, o se bestializan por la Religión...

¡Cuánta Sabiduría en el consejo de Pascal : *embetisez vous, embetisez vous.*

———

¿Por qué hay tanto Dolor, ·en *ejecutar*, las cosas que soñamos?

los ojos del Ensueño, son los únicos dignos de posarse, sobre los paisajes interiores de nuestra Vida ;

porque ¡ay! son los únicos puros...

` Toda Realidad, es una Soledad, o mejor dicho un Abandono;

¿no veis que de ella ha partido el Ideal?

en torno a todo sueño realizado, hay la misma desolación, que en torno a la cuna en la cual ha muerto un niño;

es una tristeza, no sentir ya llorar nuestro sueño en el fondo de nuestro corazón; tristeza tan grande, como la de una madre que no siente ya llorar su hijo en el fondo de la cuna...

poblad de nuevo la cuna...

————

Los grandes espíritus inspiran una impresión de Soledad, que espanta;

los espíritus mediocres inspiran una Frater-nidad, que encanta;

¿habéis visto esos Asilos de Noche, en las

grandes ciudades, en los cuales la Caridad Pú-
blica, recoge los mendigos para dormir ?

allí hay calor ; alli hay Fraternidad...

pero, ¡ qué aire irrespirable ! ¡ qué densidad
de atmósfera ! ¡ qué relente de rebaño !...

¡ dejadme tiritar de frío, afuera .. lejos de
toda Fraternidad...

dejadme la intemperie, dejadme la Soledad,
la pureza de las cimas...

¡ cómo es bello el huracán en la Soledad !

dejadme besar sus alas...

Pentesilea, me parece á mí, el Adán del Fe-
minismo ;

un Incesto con coraza.

El Feminismo, viene de Lesbos? va a Lesbos? o ¿pasa simplemente por las costas de la Isla?

¿Fué pensando en esta descendencia suya, que Sapho, por no ahorcarse con una cuerda de su lira, se arrojó de lo alto del Leucades?

———

Hay hombres-libélulas, viven su vida, de un día, ebrios del sol que los alumbra, encantados de la música de sus alas;

nacen, viven, triunfan y, mueren sobre su Triunfo, y, son sepultados con él;

no os acerquéis a su tumba, no hallaréis nada de aquellos insectos vencedores...

a no ser que como son muy previsóres del porvenir, ellos mismos se *hayan erigido* un busto...

inclinaos ante él ;

es toda el alma del Mediocre, hecha piedra.

———————

Hay dos cosas igualmente piadosas y no-
bles : abrirles los ojos a los hombres, cuando
entran en la Vida intelectual, y, cerrárselos,
cuando se van de la vida material...

los grandes libros, hacen lo primero, y, las
grandes almas hacen lo segundo;

los hombres, no perdonan, a veces, a aquel
que les abrió los ojos a la luz, porque sienten el
amor de las tinieblas;

¿ los muertos perdonarán la mano que les
cerró los suyos?

¿ amarán también su obscuridad?

toda alma de creyente es una alma de topo ;

prefiere negar el Sol a contemplarlo.

La Filantropía, no es el consuelo de la Mise-
ria, sino su publicidad ;

quitar el pudor a la Pobreza, estaba reser-
vado a esta Virtud, de origen sajón.

Hay más valor en elogiar ciertos. crímenes,
que en cometerlos ;

un triste valor, común a los plumarios del
Despotismo, que se encargan de corromper
aquello que su amo no se ha dignado conquis-
tar.

Las mujeres, no aman la amistad de los hombres, porque les parece que es una renuncia a su Amor, y, eso las humilla ;

y, creen, las horas pasadas en ser amigas, un robo a aquellas pasadas en ser amantes ;

y, eso porque en el corazón de la Mujer, la amistad, es el camino por donde se sale a veces del Amor, pero no es nunca el camino por donde se llega a él

———————

Es muy difícil, que un Amor, se fortalezca, por una confidencia del pasado ;

casi todos mueren de ella...

hay momentos, en que quisiéramos quemar los labios que la dijeron ;

y, sin embargo... los besamos...

Si nuestros labios fueran un puñal, ¿quién de nosotros, no habría matado muchas veces?

———

Cada alma tiene su secreto, puesto que tiene su pasado;

si se lo robamos, moriremos de nuestro robo;

ignorar, es el secreto de amar.

———

Nuestro propio secreto, puede ahogarnos;

pero, ciertos secretos de los otros, bastan para matarnos.

De todas las sensaciones, la del peligro, es, la
más fuerte y, la más bella ;
si el Amor, no fuese un tan gran peligro, tal
vez no lo afrontaríamos.

La única pasión que sobrevive al Hombre,
es su Vanidad ;
ella queda en forma de monumento mortuo-
rio...

Un viejo alegre, es un loco inofensivo, que

ha podido curarse de todas las pasiones, menos de la del Ridículo ;

y, muere coronado por ella.

———————.

Las mujeres, lloran para engañar a sus amantes ;

pero, de tal manera son dadas al fingimiento, que acaban por engañarse a sí mismas, llegando a creer, que verdaderamente aman, y, que sufren verdaderamente de su amor.

———————.

Las más bellas acciones, son, casi siempre, hijas de los más viles apetitos ;

sólo, que adoptadas por el mundo, olvidan pronto, su miserable origen.

La indiscreción, es una condición de lacayos,
y, de Tenorios;
pero, unos y, otros, no la usan sino después
de haber sido licenciados.

———————

¿Cuál es el último Secreto de un grande
Hombre?
morir ignorando él, mismo, que ha tenido un
corazón.

———————

¿Qué vale la confesión desesperada de una
pena, si no se siente en ella, el estremecimiento
de la cosa vivida?

es necesario que nuestro corazón sangre, por-
que es con su sangre que podremos escribir
todo nuestro Dolor;

lo demás, es, la Ficción;

la saliva envenenada de la Retórica.

———————

Solo el Dolor puede crear, el Genio;

y, solo el Genio, puede escribir fielmente su
Dolor.

———————

¿Sabéis por qué la gente nos critica tanto que
hablemos de nosotros mismos?

porque creen que les robamos ese tiempo que
debiérames emplear en hablar de ellos, ó en
escucharles hacer su propio elogio;

nada hay más estorboso que el *Yo;*

pero, el Yo... de los demás.

―――――

Sólo hay una cosa igual a la cólera con que los enemigos de un Hombre Superior hablan de él, y, es, el placer con que les escuchan sus amigos...

―――――

Los más bellos amores, son aquellos de los cuales no podemos hablar a nadie...

tienen el encanto felino y sobrenatural de un Vicio;

rodeados de silencios, seguros en su Soledad, semejan un tigre virgen, dormido entre juncales...

¡ con qué placer se besa la garra de ese
tigre !...

que ha de devorarnos.

———————

El Respeto, es una bien triste Gloria, cuando
brilla en unos ojos, en los cuales quisiéramos
ver brillar, otra cosa que el Respeto...

———————

Lo que hace tan largo el recuerdo de ciertos
amores, es, lo corto del tiempo que pudimos
acariciarlos...

su brevedad, es, la causa de su duración ;

si hubiesen vivido largo tiempo, hace ya mu-
cho que los habríamos olvidado...

los paisajes más bellos en el recuerdo, son
aquellos que no hemos visto sino una vez.

Los placeres, no tienen intensidad, sino
cuando son exquisitos y son raros;

es de su extrañeza, que les viene toda su be-
lleza;

entonces y, sólo entonces, es que llegan a ser
un grande, un infinito amor;

porque ¿qué otra cosa es el verdadero amor,
sino una gran complicidad ante la Vida?

Ningún lecho de meretriz, ha albergado más
torpes amores, que el corazón de una virgen,
que ha pensado mucho tiempo en el Amor.

Pensando en el encanto pecaminoso de ciertos labios, que han sido como un cauterio y, en las voluptuosidades de ciertos cuerpos, ebrios de todas las caricias, y sabios de todos los refinamientos, es, que se viene a comprender, que la desfloración, es un placer de carreteros y, el amor a los cuerpos vírgenes, es un histerismo de monjes.

———

Un Amor, no es verdaderamente adorable, sino cuando para satisfacerlo, hay necesidad de violar todas las conveniencias;

por eso, los más grandes amores son aquellos que para darse tienen que llegar hasta el Crimen;

lo bello, lo exquisito, lo refinado, es aquel amor que para darse, ha violado antes, todo lo que es violable, y, no se entrega sino sobre el cadáver de todas las leyes, como sobre un lecho de Victorias.

El matrimonio, no tiene de envidiable, sino la Voluptuosidad de poder engañar a alguien ;

sin el adulterio, el matrimonio, carecería de encantos y aun de objeto.

La incertidumbre de ciertas mujeres, al entrar en ciertos amores, no es sino la certidumbre de que vencidas por su encanto, no han de salir de ellos jamás ;

y, tiemblan ante esa certidumbre, que saben que ha de ser su servidumbre, la servidumbre

de su carne, hecha divina por la transfiguración
de ciertos besos.

———

La tristeza que sentimos al ver triste al Ser
Amado, no es la gran Tristeza;
la verdadera, la inconsolable, es la que sen-
timos aquel día en que vemos que nuestra Tris-
teza, no alcanza a entristecer al Ser Amado.

———

¿De qué sirve recobrar la libertad de una pa-
sión, si se queda bajo la tiranía de su re-
cuerdo?
¿por qué los más despóticos de los besos,
son aquellos que ya se fueron, aquellos que se
desean, aquellos que no se dan?

¡Qué triste es no poder curar el fastidio de la Vida, sino por el fastidio del Amor!

————

El más penoso de todos los silencios, es aquel que guardamos al lado de un ser que fué querido y, al cual no podemos ya decir nuestro secreto...

¡ay! el secreto de que ya no amamos.

————

Huimos el trato de aquellos que tienen nuestras mismas virtudes o nuestros mismos vicios, y, eso por miedo de reconocernos en ellos, y,

ver toda la cantidad de ridículo que hay en nos-
otros.

———

No creáis que ciertos seres, *detestan* la Poe-
sía, aunque hagan gala de ello ;

es, simplemente, que no la comprenden, y
por consiguiente, no la sienten ;

los ciegos, no detestan la luz, sino que no la
ven.

———

No hay sino una cosa igual a la ferocidad de
nuestras pasiones, y, es el disgusto que sentí-
mos por ellas, cuando ya nos han devorado ;

cada pasión que se extingue, es, un amo que
muere ;

sentimos el disgusto de haberla sufrido, pero,
¿confesaremos a nosotros mismos, que sentí-
mos placer al vernos libres de ella?

toda pasión que muere,-es una fuerza que se
agota en nosotros, y, es nuestra debilidad, la
que hace el orgullo de nuestra libertad.

———

La tristeza de la vejez, no proviene sino de la
muerte de las pasiones, y de la impotencia de
los vicios.

———

¡Triste destino el del laurel, nó adornar sino
las frentes muy tristes, y no dar sombra sino a
los ojos que han llorado mucho, porque nin-
gún grande Hombre, ningún Genio auténtico,

lleva bajo el laurel su sonrisa, que no fué en su vida, sino una máscara.

———

El miedo a la Muerte, es el miedo de Sí Mismo, porque la Muerte está en nosotros, bajo todas las formas de la Vida ;

¿qué cosa es la Vida, sino el sendero de la Muerte ?

¿qué nos importan las rosas que florecen, en esa avenida del Dolor, que nos lleva de la Cuna al Sepulcro?

sentados a la sombra de esos rosales, soñamos con olvidar nuestro Destino, o creerlo muy lejano...

y, del cáliz de las rosas mismas, sale el perfume que ha de matarnos ;

y, morimos bajo las rosas, sin sospechar que aquel rosal de encanto, a cuya sombra nos sentamos, era nuestro propio sepulcro, adornado de blancuras, por las manos crueles de la Vida.

No creer en el Destino, es lo único que nos libra de la Angustia de creer, que hemos faltado al nuestro.

———

¡ Cuánto esfuerzo para apartarnos de la Muerte, sin ver que a cada instante nos acercamos más a ella, y, cuando creemos haber escapado de sus brazos es el instante en que caemos en su seno !...

———

Una alma verdaderamente fuerte, no es nunca devorada por su Dolor...

devora su Dolor, y, es por eso que ella es fuerte.

————————

Las únicas traiciones que no deshonran, son las traiciones en Amor...

y, sin embargo, son las más crueles...

traicionar su patria, traicionar su causa, traicionar su bandera; he ahí un crimen que nos hace apartarnos del Traidor ;

y, ¿quién niega su mano a aquel que traicionó un Amor?

¿a quién se la daríamos entonces?

————————

Hay un gran placer en recordar ciertos amores, en que fuimos traicionados; el mismo pla-

cer que sentimos, rememorando ciertos peligros
de los cuales escapamos, ciertas enfermedades
ya pasadas y, de las cuales estuvimos a punto
de morir ;

un hálito de Libertad, se escapa de la tumba
de esos amores, asesinados a traición...

y, un sol de Convalecencia y, de Vida, se le-
vanta sobre esas ruinas...

ya de nuevo florecidas.

———

Hay un placer extraño en sentir ciertas pa-
siones subir lentamente en nuestro corazón,
como una marea de fango ;

sabemos que van a arrastrarnos, que van a
ahogarnos, y, una gran voluptuosidad nos po-
see, sintiendo que vamos a desaparecer arreba-
tados por toda la infamia latente que hay en
nuestro corazón...

Sólo la familiaridad con el Amor, puede hacernos perder el miedo de las víboras;

cuando ciertos amores os han dejado, ¿ no os sentís invulnerables a todo, y, llenos de un gran desprecio, por el veneno de todos los animales, hasta por el del áspid de Cleopatra?

———

El instinto sexual, es el más poderoso aguijón intelectual;

nunca se escriben más bellas cosas, que cuando escapados al furor de ciertos besos, pensamos en el resplandor de ciertos ojos.

La emoción religiosa, es una emoción deli-
cada y, tierna, como todas las sensualidades;

y, se necesita un gran valor, para despren-
derse de ella, como de toda voluptuosidad.

————

Es, después que corrompemos una alma, que
tenemos la certidumbre absoluta de poseerla;

antes, es peligroso que se nos escape por la
tangente de la Virtud, para caer en otros vicios,
y, ser corrompida por otros labios.

————

Trasformar una sensación de Amor, en una

sensación de Arte, es poseer ya en plenitud, el
Arte del Amor.

————

Hay veces que miramos dormir nuestro De-
seo, y, entonces, nuestro Pensamiento, flota
sobre él, como una nube estival, sobre un lago
inmóvil...

¡cómo es bello, contemplar nuestro Deseo
desde lo alto de nuestro Pensamiento!...

bello, porque sólo cuando duerme nuestro
Deseo, es puro nuestro Pensamiento.

————

No todas las admiraciones nos satisfacen;
hay algunas que nos humillan, aunque no
queramos confesarlo.

Sentir Piedad por los otros, es ya un síntoma de Decadencia;

pero llegar a sentir Piedad por nosotros mismos, esa es ya la más vil dé las tristezas...

y, sin embargo, hay horas en que sentimos la necesidad de ser compadecidos y, la más triste aún, de compadecernos;

¿ quién en la Vida, no ha tenido esa hora de decaimiento, en que siente que no puede levantar su cruz?

es en esa hora que nos envilecemos, porque es en esa hora que nos compadecemos.

———

No hay perversidad, en las cosas del Amor, no hay sino perversión, y, la perversión es el refinamiento exquisito del Amor;

no habléis de eso a los carreteros, a los acéfalos, ni a los hipócritas;

hablad de ello, a las mujeres, a los grandes
místicos y, a.los grandes sensitivos mentales;
ellos, os comprenderán....

————————

La Humildad, en un vencido, no es Humil-
dad, es, Humillación ;
ella, no logra hacerlo perdonar, y, no le per-
mite levantarse ya.

————————

Un Hombre Superior, no tiene necesidad de
que se le diga su propia fuerza...
él, la sabe y, llora sobre ella...
¿ no veis que esa fuerza es la causa de todas
sus desgracias?

El esplendor de un estilo, no viene sino del esplendor de una alma, que ha visto grandes cosas, en los cielos mudos de la Contemplación ;

y, esa sublimidad de expresión, es el lenguaje del deslumbramiento...

el rayo encadenado a la Palabra.

La Vida, no es sino una Profecía, que se cumple ;

« tú morirás », le dice la cuna, al Hombre ;

y, el Hombre muere ;

y, dos cosas se abren al mismo tiempo : el vientre que se desgarra para parir, y, la tumba que se prepara para devorar al ser que nace ;

¿qué importa, la duración de la travesía entre esos dos infinitos ?

la trayectoria de una flecha que va al corazón
de la Nada ;

y, muere en él...

La Verdad, es, una cosa tan divina, que al
salir de nuestros labios, nos diviniza; y, nos
hace dignos de morir por haberla dicho.

El apetito de la Belleza, tal debe llamarse,
esta fiebre sagrada que devora los grandes ar-
tistas, que perseguidos por el concepto elevado
del Arte, siguen la trayectoria de sus sueños,
por entre una selva de ritmos, y, de formas, en
busca de ese imposible de perfección que se

esfuma al fin sobre las más altas cimas de la
Vida, hacia los serenos cielos de la Muerte.

———

La agonía de Sandro Boticelli, el divino pin-
tor de los cuerpos cándidos y, los lises on-
deantes, y, del blondo triste de los cabellos,
coronando las vagas testas mujeriles, temblo-
roso, espantado ante las admoniciones de Savo-
narola, y, el cuerpo desnudo de sus Venus
inconclusas, ¿no os da una grande y desgarra-
dora Piedad?

¿no es él, como la última rosa del jardín
romántico, que muere ante la aurora del Rena-
cimiento, en que la furia miguelangelesca, ha-
cía llover titanes para poblar sus cúpulas enor-
mes, y, Rafael y, Leonardo, rompían los viejos
moldes pictóricos, y, llenaban de auroras el
cielo, auroras que lucían sobre aquellos grandes
muertos líricos que fueron Dono Doni, Palma,
Sebastián del Piombo, el Portenone y, toda esa

legión de coloristas apasionados y, fluidos, que culminaron en Giorgione?

sobre los restos de esos grandes espiritua-listas de las líneas y, del color, se alza la gran-deza brutal de Miguel Angel y de Bruneleschi para sepultar el triste prado bajo una lluvia de cúpulas...

las últimas Venus del Ticiano, huyeron des-pavoridas ante la figura cáprea de Moisés, con sus cuernos y sus barbas, apareciendo en el horizonte para ejercer la pedagogia del Mila-gro...

¡cómo es bello este crepúsculo cuatrocentista, que precede a la aparición del Renacimiento!...

melancólicamente se hunde ese paisaje, en la Noche, mientras se oye a lo lejos, el tropel de lòs caballos que traen a los caballeros armados en el campo de batalla...

y, las rosas mueren bajo los cascos...

una Visión de Ariosto...

Amar a un ser ausente, es, una encantadora emoción, llena de Melancolía...

y, eso, porque el eco de nuestras pasiones es mucho más armonioso que su grito ;

pero, ¿cuánto daríamos por sentir de nuevo gritar nuestro corazón?

La armonía de ciertos poetas, os seduce, a causa de que no hay más que armonía en sus libros ;

pero no hay que olvidar que es un músico y, no un poeta aquel cuyas rimas, no tienen más poesía que la música.

¿ No os ha sucedido en ocasiones, mirar dormir vuestro corazón, como si fuese un ser extraño al cual nada os liga?

pero, ese corazón, habla en sueños, y, revela su secreto ;

y, entonces, os veis en el fondo de él, como si os viereis en un lago de sangre ;...

pero, entonces llamáis a vuestro corazón, temerosos de que otros oigan su secreto ;

y, entrando en vosotros mismos, encadenáis el secreto de vuestro corazón...

⸻

La popularidad, tiene de cruel, lo que tiene de insegura ;

es el camino por el cual se va más directamente a la cloaca del Olvido.

Tener razón, en política, es, una desgracia, pero, tener razón dos veces, es, un crimen ;

eso, no lo perdonan los partidos, que la primera domesticidad que piden a sus hombres, es la del Pensamiento ;

tener razón contra ellos, es el último desafío, que puede hacerse al dogmatismo de su Ineptitud.

No hay sino una manera cierta de ser Amo, y, es, resignarse a ser esclavo ;

nunca se es bastante vil, si se aspira a dominar.

Los que amnistían la Traición, no hacen sino
traicionar la Amnistía.

———

¿Guardan las ondas de un río, la imagen de las
aves migratorias que un día las obscurecieron
con la sombra de sus alas?

no;

así los lugares por donde pasamos;

ellos, viven en nuestro corazón, y, nosotros
no vivimos en ellos...

¿hay algo más miserable, más fugitivo, que el
paso de los hombres por sobre la superficie de
la tierra?...

Esperar, es una pasión bastarda, que roba fuerzas al espíritu y, lo extravía por el sendero azul de la Ilusión.

———————

Agitar las muchedumbres, es hacer descender las ideas, al nivel de las pasiones;

todo triunfo de motín, es triunfo de la Ignorancia;

el Arte y la Libertad, quedan siempre fuera de él, cuando no caen bajo él.

———————

Conservarse fiel a una causa vencida : he ahí
la mayor de las victorias.

————————

Cuando el Dolor del vencimiento se hace per-
petuo, el alma adquiere en él, una divina sere-
nidad, que es casi una ataraxia ;

la divinización de una alma, no se hace sino
por la lenta trasfusión de esa alma en el Dolor ;

el Dolor que no mata, purifica ;

¡ qué enorme fuerza, qué extraña fuerza, nos
viene de las entrañas del Dolor vencido !...

cuando tras largos años de verterlas, las
fuentes de las lágrimas se cierran, su sal caute-
rizante deja de tal manera fuertes las pupilas,
que el resplandor de todos los soles, no es ya
bastante a deslumbrarlas ;

¡ con qué placidez enorme, ven entonces,

esas pupilas, hechas fuertes, por un llanto viril
de luengos años, los valles solitarios del Dolor,
quedados ya atrás con sus penumbras, lejos,
muy lejos, de la cima airada, donde en la gran
confrontación con la Vida, el alma solitaria, se
alza vencedora, sobre las últimas cumbres del
Dolor...

vencedora de todo su Pasado.

————

El hombre mediocre, se eleva ; el Genio, no ;
el Genio nace en la altura ;
 · el talento tiene alas, porque las necesita para
elevarse ;
el Genio, no ;
¿qué haria con ellas ?
¿tiene alas el Sol ?
y, ¿quién más alto que él?

El Individualismo, es la Religión de los
fuertes ; pero, no logra hacer nunca fuertes a
los débiles ;

todo Individualista, es, un Vencedor ;

y, por eso, será siempre denigrado por los·
vencidos ..

que son todos.

———————

Es necesario, que un grande Hombre tenga
muchos enemigos, porque un grande Hombre,
es, aun sin quererlo, el enemigo de todos ;

su Vida, es un desafío y, una victoria, sobre
la mediocridad imperante ;

en él, vivir, es, vencer ;

¿qué queréis que hagan los vencidos ?

decapitarlo : siquiera sea en efigie.

No os preocupéis de consolar al Genio ;

él, es superior a toda consolación ;

su Dolor, es, su Grandeza ;

y, nadie tiene necesidad de ser consolado por ser grande.

———————

Los grandes pensadores, son casi siempre apellidados, locos ;

ese apelativo, es, la venganza de los medio-cres, furiosos de no poder enloquecer.

———————

Nadie combate tánto nuestro Pensamiento,

como aquellos que saben que *fatalmente*, un día
han de sufrirlo y, de seguirlo;

¡ay! para ciertas almas, de una falsa rebel-
día, la lapidación del Precursor, se impone
como un deber...

triste deber, y, tristes almas...

———————

Curarse de ciertas excentricidades, es, hacer
como los otros : cretinizarse;

la primera condición de ser colectivo, es, ser
abyecto.

———————

La Crítica ha insultado todos los genios, pero,
no ha logrado mutilar ninguno.

Uno de los privilegios del gran Estilo, es, fastidiar a los superficiales e indignar a los necios;

éstos, no aman sino el estilo simple, en el cual, se ven ellos mismos, como en un espejo;

y, se enamoran de su simplicidad.

———————

Nuestro esfuerzo por sentir con intensidad ciertas sensaciones ya lejanas, se asemeja al esfuerzo de Orfeo, por ver a Eurídice, cuando no ha de abrazar sino un cadáver.

Desde que estudiamos una sensación nuestra, la objetivamos; la apartamos de nuestra atmósfera vital, y, la hacemos cadáver;

queda fuera de nosotros, como un miembro separado de nuestro cuerpo, y, puesto sobre una mesa de disección;

es a condición de matarlo, que podemos estudiarlo;

así la Sensación.

———

El empeño de ciertos hombres en cristalizarse en un sistema y, aun en una actitud, es un lamentable esfuerzo de auto-momificación, del cual ellos mismos no se dan cuenta, hasta el día en que hechos momias, entran en la Muerte, en la cual hacía ya mucho tiempo que *vivían*.

Una Emoción, una Visión, no adquieren vida objetiva sino por la Palabra ;
pero, la Palabra, las revela, no las crea.

———

Un carácter, se compone de sensaciones y de reacciones ;
es cuando la Sensación, resiste continuamente a la Reacción, que el carácter se solidifica y, es un carácter.

———

El Orgullo de los grandes, no disgusta sino a los pequeños ;

el Orgullo de los pequeños, no disgusta a nadie y, hace reir a todos, inclusive a los grandes;

ver su propia caricàtura, es, un acre placer.

————

Il n'y a que les gueux pour etre modestes, dijo Gœthe;

traslado de esta *boutade,* a todos los modestos de la tierra ; *qu'elle est pleine de gueux.*

————

La Tierra, es una esclava sometida, que no sabe dar de sí, sino hijos esclavos, sometidos como ella al duro azote de la Fatalidad ;

para nada, ni aun para morir, tenemos libertad, pues si llegamos a matarnos, es la Fatalidad, la que nos mata ;

la Servidumbre es el alma de la Vida, y, nada turba su abyecta monotonía.

———————

El Hombre, no fabrica sino cosas esclavas, sobre la Tierra esclavizada, y, cuando inventó el cielo, no supo hacer de él, sino un lugar de esclavitud, ideando para amo, un Dios, al cual hizo esclavo de sus pasiones miserables y, el primer atributo que le dió, fué la esclavitud de la Justicia.

———————

Por muchos esfuerzos que el Hombre haga para entrar en la Libertad, no hará sino vanos tanteos mientras lleve en su mente la Idea de Dios, que es una Servidumbre;

mientras el Hombre, crea en Dios, todos sus
códigos de Libertad, no serán sino antifaces,
para enmascarar su Esclavitud;

Dios y, la Libertad, se excluyen.

———— · ——.

Peregrino de altar en altar, va el corazón del
Hombre, buscando dioses para adorar...

y, en cada templo, deja un eco de su voz in-
terior que es una adoración, es decir un grito
de esclavitud;

y, sale del templo inconsolable, si el dios, no
se ha dignado encadenarlo ..

sólo hay una miseria igual a la del Hombre
que les interroga, y, es la miseria de los dioses
mudos;

si ellos pudieran reirse de algo, se reirían de
su divina miseria, y, del sagrado polvo de su
Divinidad.

¿ El Hombre morirá sin aprender nunca el se-
creto de los mares del Pensamiento?

he ahí, que cuando cree tocar el puerto, entra
de nuevo en la borrasca...

la estrella de Belén, no lleva ya al pesebre de
Jesús, sino al pie del lecho de Tiberio.

¡ qué aberración !

———

¿ Cómo se llama esta ala tenebrosa que en
ciertos momentos pasa por sobre el abismo de
nuestro corazón, haciéndolo estremecerse?

¿ de dónde viene este Soplo monstruoso, que
entra en el abismo y, no lo colma?

¿ a dónde va?

¿ A qué esta necesidad de encontrar cada día
un nuevo amor?

¿para establecer un nuevo culto y, ofrecerle
todos los días, un nuevo sacrificio?

¿no tenemos pues otra libertad, que la de es-
coger el amo de nuestro corazón?

El Hombre que ha nacido anacoreta espiri-
tual, no hace pacto sino con la Soledad ;

pero, Soledad, quiere decir, jardín cerrado,
sin hombres y sin dioses ;

huerto en que anidó el amor, ya no es la So-
ledad.

¿qué es entonces?

la Tempestad ; la mano desnuda de la Vida,
apretando el corazón del Hombre hasta ma-
tarlo ;

en la Soledad, todo desaparece : la mano del Verdugo y el grito de la Víctima...

y, el corazón libertado fulge como un Sol.

La Cólera, el Odio, la Crueldad, no ofuscan por completo el corazón del Hombre...

siempre le dejan ver a'go, enmedio de sus tempestades;

lo que lo ofuscà por completo, hasta la ceguedad, es, la Compasión ;

no hay catarata más absurda y más fatàl, sobre los ojos de los hombres ;

ese velo se forma de lágrimas, y, el Hombre que llora, termina por caer de rodillas ante aquello que lo ha hecho llorar.

La Obra de un gran Dolor, pertinaz y hondo, no sólo nos hace más fuerte, sino que nos sublimiza, levantando nuestro corazón a cimas inaccesibles, donde impera la absoluta serenidad;

un gran Dolor, no nos humaniza, nos diviniza;

no temáis al Hombre hecho casi Dios por el Dolor...

ése, no puede ser fatal a los hombres...

ha dejado de amarlos, ha dejado de odiarlos...

no los ve siquiera...

la altura de su Dolor, borró la visión del Hombre, de sus ojos y, de su corazón.

La era de la Filosofía, ha iniciado siempre, la era de la Decadencia, en las grandes naciones;

en los espíritus, el culto de la Filosofía, indica también el fin de toda acción ;

por eso es sólo en la tarde de la Vida, que llegamos a ser filósofos...

es viendo venir la Muerte, que nos ocupamos de descifrar la Vida ;

un joven, filósofo, es un decadente prematuro ; un espíritu enfermo, de senilidad precoz ;

¿qué hará ese Hombre, cuando llegue a los cincuenta años?

Si no se ha dado un tiro, será necesario que alguien se lo dé, en nombre de la Piedad ;

la sombra de aquel rumiante idiotizado, ofende la Naturaleza.

———

¡Cuánto tiempo perdido en temer a la vejez !

cuando ella llega, vemos toda la injusticia, con que hemos calumniado su fantasma

ella, no viene para engañarnos, sino para consolarnos ;

aligerados ya del fardo de las pasiones, el mundo de las ideas, se abre ante nosotros con la opulenta melancolía de cielos otoñales...

y, una calma sagrada, que anuncia la calma definitiva, ya cercana, llena nuestros horizontes de suaves y, austeras visiones, de grandes vuelos rítmicos, como de aves marinas que regresan al nidal;

nuevas bellezas surgen en nosotros mismos: las bellezas del rosal que amarillea con los últimos besos del Otoño...

la Vejez, corona nuestra Vida, antes de segarla;

nos da el Imperio del Respeto, antes de darnos el Imperio de la Muerte;

es una iniciación en el Misterio, antes de ser armados, Caballeros de la Eternidad.

————————

Los conquistadores, pueden obligar al bronce de sus cañones, a convertirse en estatuas;

pero, el acero de la pluma, puede obligar esas estatuas a convertirse en polvo.

―――

¡Horrible crueldad la de la Naturaleza, en hacer del Hombre un instrumento que razona;

bien es verdad, que para excusar esa crueldad, puso en él, la idea de qué es un ser libre;

odiosa mentira, que añade el Sarcasmo a la Crueldad;

refinamiento de Déspota;

Sibaritismo neroniano.

―――

Cuando hemos asistido al derrumbamiento de todos nuestros sueños, y, sentados entre las tumbas, sólo esperamos que la Muerte haya

abierto la nuestra, para entrar en ella, nos
alienta aún una divina esperanza ; la de ver las
ideas que defendimos jóvenes, surgir una a una,
consagradas por la Victoria, sobre el horizonte
de los pueblos, como grandes estrellas, vence-
doras de la Noche ;

y, esperamos, un rayo de su luz, que venga
a besarnos, a consolarnos, a ayudarnos a en-
trar tranquilamente en el sueño sin rencores.

———

La Voluptuosidad del Pensamiento, es la
única Voluptuosidad que no enerva, y, se pa-
rece en eso a la Voluptuosidad del combate, la
más bella y, la más embriagadora de todas las
voluptuosidades.

Antes que Teodoro Roosevelt, el bárbaro vio-
lento y locuaz, hubiese deshonrado la Litera-
tura publicando su : « Vida Intensa », ¿no ha-
bian ya vivido esta alta vida intelectual, ajena
a aquel cazador de leones empa,ados, todos los
grandes héroes del Pensamiento, los grandes
solitarios, ignorados de este *Cow boy* desenfre-
nado?

todos, desde Leopardi a Nietzsche, y de Amiel
a Tolstoy ;

¿por qué infortunio de los vocablos, escogió
este Gran Fantoche, aquella suave armonía de
palabras, para ponerlas como título a sus pro-
sas rudas, desconcertantes de brutalidad?

y, es, que ese César de búfalos, trata al Dic-
cionario, como si fuese un pueblo americano :
lo roba primero y después lo insulta ;

Nemrod buzal...

Los hombres tienen un tacto especial para encontrar lo que hay de extraño en nosotros ;

si tuviesen el mismo tacto para admirarlò, no tendríamos sino admiradores ;

desgraciadamente, la admiración, es, un discernimiento muy alto, que no les es dado poseer a todos aquellos que disciernen.

———

El Público ama todo lo mediocre, porque lo lleva en si ;

de ahí que los escritores mediocres dominan sin resistencias, porque son el alma del medio ambiente, espiritual que reproducen ;

no imponen al medio sus ideas, sino reflejan las de éste ;

a esa superchería la llaman : triunfo...

Un día, en que no pudiéramos pensar, ¿no sería el día más feliz de nuestra Vida?

———

El Pasado se borra lentamente, en nosotros...

el Presente lo llena todo,' un Presente sin emociones, sin horizontes, puesto que no tiene ya porvenir...

¿puede llamarse Porvenir estos pocos metros de tierra, que nos separan del Sepulcro?

las gentes se agitan, las pasiones se mueven, ¿qué mundo es ese, que nosotros ya no conocemos?

de todo eso se escapa una atmósfera de ridículo, que ya no alcanza a divertirnos;

¡qué siniestros son los monos, cuando han perdido el privilegio de hacernos reir...

han dejado de agradarnos, sin dejar por eso de ser grotescos.

————

No poder ya reir, es una miseria igual, a la de no poder ya llorar...

y, lo triste de ese grado de insensibilidad, es, que en él, no dejamos de sufrir;

y, sólo nos faltan las dos formas del Consuelo : las risas y, las lágrimas...

————

¿No es verdad, que de ciertos amores, nuestra piel se acuerda más que nuestro corazón, y, nuestros labios recuerdan con tenacidad los besos, cuando no podríamos decir por haberlo ya olvidado aquel ser cuya boca nos los dió?

nuestra piel es más sensitiva que nuestra alma ;

nuestros labios tienen más memoria que nuestro corazón ;

y, el recuerdo del Placer vive allí, donde no queda ya ni la huella del Amor.

———————

No pidáis a un Amor, que dure siempre ; pedidle que muera, para poderlo amar.

———————

La delicadeza sensual, no soporta ninguna otra delicadeza, y, sin embargo, no ama sino las cosas indelicadas.

Las *medias líneas*, como llamaba los versos
Víctor Amadeo de Cerdeña, abrumándolos con
su desdén, pueden ser objeto de risa en un bár-
baro, pero, un hombre cultivado, se verá siem-
pre obligado a confesar, que les debe los más
bellos y más delicados goces espirituales de su
Vida; siempre que en esas *medias líneas*, haya
una alma entera, una alma de Poeta, que las
llene.

————————

La aparente inercia mental de ciertas horas,
es más fecunda que toda actividad, es en ella
que el Pensador concibe sus grandes Obras ; y,
una sola hora de esa quietud, produce más que
la perpetua inquietud de ciertas otras.

La Meditación, es el vientre de la Creación; la raza de los pensadores, es por excelencia solitaria.

———

El contacto con las almas pequeñas y, con las cosas pequeñas, empequeñece de tal manera el espíritu, que se encanallaría por completo si no se tomase abiertamente el camino del aísla- miento, para escapar a esa atmósfera;

el Orgullo, es el único antídoto posible, con- tra el contacto de la Vulgaridad.

En ciertos momentos, hay, un *nada,* que nos abruma más, que un *todo;*

el reinado de lo insignificante es abrumador;

los insectos más venenosos, son los más pequeños;

el contagio de la fiebre, no viene en las alas de las águilas, sino en las de un mosquito;

las más grandes epidemias, tienen la forma de un bacilo;

la Muerte, es, un miciobio.

————

Hablando con ciertas gentes, como leyendo ciertos libros, contener un bostezo, es el más heroico gesto de Piedad, que puede hacerse.

El hábito de vivir consigo mismo, y, de dialogar consigo mismo, da al pensamiento, una gran fuerza de sinceridad, y a las ideas, un gran relieve pristino de consistente luminosidad;

las fuentes más puras, son aquellas que corren en la Soledad.

En un pueblo primitivo, todo, hasta sus peo·
res vicios tienden a hacerlo libre ;

y, en un pueblo degenerado, todo, hasta la
Virtud, sirve para hacerlo esclavo.

———

¿ Quién podrá decir las alegrías de un espíritu
mediocre, al cual le es dado ver sufrir, humi-
llado por la suerte, a un espíritu superior ?

sólo hay una cosa más grande que esa ale-
gria : el desprecio del Hombre Superior por el
mediocre.

La idea de lo Irrevocable, es grave, casi sagrada ;

la palabra *Jamás*, no debería decirse en la Vida ;

lo desconocido mismo tiene miedo de ella ;...

la Muerte, es la expresión fiel del Jamás ; y, por eso es tan terrible, cuando cae, sobre aquellos seres que amamos ;

lo Irrevocable, es, eso.

————

El Crepúsculo, es el hermano de la Melancolía, el padre cariñoso del Recuerdo ;

todo florece, en el jardín instable, de esa hora moribunda en que renace todo.

Practicar la Resignación, es obra de Santos ;
practicar el Desdén, es obra de Sabios.

Haber nacido un Espíritu Superior, es obra
del Acaso ;
mostrarse digno de esa Superioridad, es la
obra del Genio.

Este mundo es un Dolor perpetuo ..
y, el que no sabe dominar el Dolor, no sabe
vivir...

y, ¿cómo se domina el Dolor?
por el Desprecio.

———————

La Vida, es un Cirujano muy cruel;

y, cada día amputa algo a nuestro pobre corazón...

———————

La raza de los hombres buenos, se cree dispensada de tener cerebro, porque dice que tiene corazón...

y, a menudo, es, una acefalia de ambos órganos, lo que la caracteriza;

en esos hombres, los instintos son más grandes que las ideas;

y, por eso, odian las Ideas, con toda la fero-
cidad de los·instintos.

———————

Compadecer las miserias de los otros, es, una
manera hipócrita de llorar las nuestras.

———————

¿ Dónde está la Belleza de las almas ?
tal vez en la de los pillos ;
yo ·no he visto hasta ahora, sino la de los
hombres que se dicen honrados, y, me parece
abominable.

———————

Cada quién es el artífice de su propia Libertad ;

ser libre, quiere decir : *hacerse* libre ;

de ahí la grandeza del Hombre Libre.

————————

El Hombre Libre, ni impone ni tolera amos ;

él, es el Amo de Sí Mismo ;

no espera de nadie la palabra libertadora : la lleva en el fondo de su corazón ; y, la obedece ;

no se es libre a medias ;

en asuntos de Libertad, la divisa de Brand, es la única divisa :

« Todo o Nada ».

En el espectáculo bochornoso de la Vida, el
Hombre, es el único vencido. que trata de legi-
timar por todos los medios posibles su derrota.

———

Entre la Rebeldía y, la Resignación;

entre aquel que *combate* para mejorar la
Vida, y, aquel que la sufre, ¿cuál es más útil?

¿útil?...

ninguno;

ambos son gestos igualmente estériles, ante
la ciega brutalidad de la Vida;

la Vida, no *puede* mejorarse, y, no *debe* su-
frirse;

la Vida *debe destruirse*;

sólo aquel que destruye crea.

Boca que jura amor, es boca falsa;

boca que ríe, es boca falsa;

boca que besa, es boca falsa;

sólo la boca que insulta o la boca que muerde
son sinceras;

porque sólo el Odio y la Lujuria, hacen flore-
cer la Sinceridad en nuestros labios;

la fiera duerme en nuestro corazón, y, es
cuando la fiera asoma en nuestra boca, que los
hombres tenemos un instante fugitivo de Sin-
ceridad;

lo primero que la Sinceridad devora, es la
Fraternidad;

esa mentira odiosa, es la antipoda de la Ver-
dad;

porque los hombres no nacieron para amarse,
sino para devorarse;

vivir es matar;

sin la Muerte, ¿cómo viviría la Vida?

cualesquiera que sean los gestos que un hom-
bre esboce sobre la tierra, gestos de muerte
son;

hasta el gesto de dar la Vida ;

porque procrear, es engendrar la Muerte ;

dar la Vida a un ser, es condenarlo a morir, mañana...

la Vida, no es otra cosa que una forma de la Muerte ;

Matar y *Morir ;*

eso es la Vida.

¿ Sabéis qué florestas de Alegría, hace nacer en el corazón el amor salvaje de la Muerte ?

un corazón que no está ya bajo el Imperio despótico del amor a la Vida, es como una selva virgen que duerme bajo la luna...

su divina calma presiente su cercana aurora ;·

y, se estremece, en un beso de nupcias ; ¦

con la Muerte.

Aquel que más fuerte truena contra los vi-
cios, no hace sino insultar los suyos ;

y, es por vengarse de aquellos que posee, que
amenaza destruir los de los otros ;

———————

Los Poetas, son Hombres, que hablan el len-
guaje de los dioses, según dijo uno de ellos ?

sea ;

pero, los grandes prosistas, que son poetas,
son Dioses que hablan el lenguaje de los Hom-
bres.

La mayoría de la gente, no ama el estilo elevado, porque les obliga, como el rayo a alzar la cabeza, para verlo;

no aman sino el estilo rastrero, que está a la altura de sus pies; un estilo gramínea que les permita rumiar en él;

y, a esa caricia del hocico, hay quien la llama, Admiración...

———————

De aquel que da vida a la Libertad, y, aquel que da su Vida por ella ¿cuál es más grande?

Refugiados en la Soledad, no estamos por eso
exentos del Odio de los hombres;

él, se encarga de rodear nuestra soledad de
otra soledad;

y, hacernos así más felices.

———

Una filosofía, que no se contradice, no es hu-
mana;

el Hombre, es, una contradicción.

———

Es una tristeza vér desaparecer o capitular a
nuestros enemigos;

sin ellos nuestros triunfos pierden todo su
encanto ;

¿quién sufrirá ahora con nuestros triunfos?
nuestros amigos ;

pero, a éstos, no tenemos placer en verlos
sufrir ;

y, su dolor, nos entristece un poco.

———

El Orgullo que explica su actitud, comienza a
parecerse extrañamente a la Vanidad ;

y, va a desaparecer en ella.

———

Una pequeña pasión, puede obscurecer nues-
tro cerebro, como la mano de un niño puesta

sobre nuestros ojos puede horrarnos la visión
del mundo que, es tan grande.

———

Es un error asegurar que el *instinto de repro-
ducción*, existe en el Hombre, como invencible
y, como salvaguardia de la Especie ;

lo que existe en el Hombre, es, el Instinto
del Placer ;

casi ningún Hombre, se acerca a una Mujer,
con el deseo de fecundarla : su pasión es la de
gozarla ;

de ahí que al saberse padre, todo hombre
culto, se siente desilusionado ; y, todo hijo, es
una traición al Pensamiento de su padre ;

la paternidad como pasión, es una pasión de
brutos ;

ningún hombre superior la ha sentido jamás.

El Heroísmo, no es un bello gesto, sinó por-
que es la más alta forma del Egoísmo ;
el Egoísmo del Orgullo, llevado a su plenitud.

———

Predicar la Moral, es fácil ; lo que es difícil,
es fundarla, dijo Shopenhauer ;
 y, yo digo : lo que es difícil, y, aun impo-
sible, a un hombre honrado, es practicar, eso
que se llama la Moral ;
porque la Moral, es, el interés colectivo,
hecho ley, por la Sociedad, para matar el inte-
rés individual, o para explotarlo ;
y, no se puede ser moral, sino a condición de
tener alma de Verdugo o de lacayo.

« Au-dessus de ma tète le ciel étoilé, dans ma conscience la loi morale »;

he ahí, cómo Kant, concibe al Hombre y, quiere hacerlo aparecer firme en medio de dos quimeras...

el Cielo... esa mentira que al decir de Argensola, « ni es cielo, ni es azúl »,

y, la Conciencia ese otro abismo indescifrable, que sólo existe en nosotros, como cristalización de todos nuestros temores y, apetitos.

————

Mandeville, que sostiene, que la Civilización, se funda sobre los siete pecados capitales, no está lejos de Kant, que sostiene que el Vicio, es necesario, para sostener « la discordante armonía del conjunto »;

Sólo que resta, por definir racionalmente, qué es una Civilización, y, qué es un Vicio.

———

En todas partes se encuentran fabricantes de constituciones para pueblos ;

legiferar, es, una industria, como otras tantas ;

y, en el tintero de cualquier Notario, hay escondido un Montesquieu ;

lo difícil es, encontrar creadores y, forjadores de pueblos, para esas constituciones ;

de ahí que con aquellos códigos extravagantes, esos *sastres de leyes* no logren sino disfrazar grotescamente los pueblos, sin lograrlos uniformar ;

¿no veis esos pueblos de la América latina, vestidos de Repúblicas, y, conservando todos los atavismos y los métodos, de servilismo y de despotismo de las tribus primitivas ?

las leyes, que no les han servido para fundar

la Libertad, sólo les han sido útiles para deshonrar la República ;

y, no queriendo entrar valientemente en el orden se han refugiado cobardemente en la Tirania.

——— ———

Hay gentes, que no se resignan a nuestro Olvido, y, porque no nos ocupamos de ellas, se empeñan en creer que las odiamos prefiriendo suponernos rencorosos, a creernos indiferentes...

eso consuela su Vanidad, y, hace reir la nuestra.

Es viendo vivir el alma de los otros, que po-
demos comprender algo de nuestra propia
alma;

tal así de igual y, limitado es el Hombre, en
su obscura y misteriosa Psiquis...

las mismas pasiones, los mismos sueños, los
mismos apetitos, cambiadas en parte las for-
mas, pero idénticos en el fondo...

el mismo animal presuntuoso y pensativo
abriendo los ojos asombrados, sobre la Vida,
como para devorarla, y, cerrándolos mansa-
mente ante la Muerte, al sentir que ésta lo de-
vora; que vive esbozando gestos estériles, que
son el reflejo de otros gestos, y, que no sabe
él, por qué los hace, como no sabe por qué
abrió sus ojos a la luz, ni porqué los cierra ce-
gado por las sombras del Sepulcro;

la Eterna Ignorancia, habitada un momento
por la Inconsciencia fugitiva, eso es la Vida, y,
el Hombre, es, eso...

Sin esa Inconsciencia ¿cómo vivir en el fondo
de esa Ignorancia?

la Conciencia de la Vida, mataría la Vida
misma.

————————

¿A qué bueno, pensar tantas cosas que no se-
rán nunca? ¿a qué?

dejar venir la Vida, dejar ir la Vida...

no podemos ni comprenderla ni retenerla...

dejar que la Vida nos mate, ya que no tuvi-
mos el valor de matar la Vida. .

————————

La Duda es una águila sombría, vuela perpe-
tuamente inquieta, escruta los rincones de la
sombra, y, nos hace vivir porque nos hace de-
sear...

la Certidumbre, es algo brutal, que cae sobre la Vida para anonadarla...

toda Certidumbre aplasta;

no se puede vivir con una Certidumbre, porque no se puede vivir con un cadáver;

y, toda Realidad, es eso : el cadáver de un Ideal, muerto en nosotros.

———————

Una de las más cándidas ilusiones de la Vida, es aquella que consiste en creer que poseemos algo en ella, y, por la cual decimos:

nuestros padres;

nuestra patria,

nuestra casa,

nuestra fortuna,

nuestro honor...

pronto el Destino se encarga de probarnos, que él, solo es el Soberano, y, que todo le pertenece...

y, un día, nos toma nuestros padres;

otro, nuestra fortuna ;

otro, nuestro honor ;

y, al fin toma, nuestra Vida...

esta miserable Vida de la cual fuimos esclavos y no amos ;

y, de la cual, por ocuparnos de vivir su Orgullo, toleramos vilmente la cadena.

———

No es la desgracia real, la que causa nuestro mayor Dolor ;

es la felicidad sóñada y, no realizada, la que mata nuestra ventura ;

« *c'est le mieux qui tue le bien.* »

El día que el Hombre dejara de buscar el alma en la Mujer, dejaría de amarla, porque su cuerpo una vez gozado, ya no le satisfaría...

es sobre esa quimera del Alma, que reposa esa otra quimera del Amor.

———

Nosotros, no poseemos las cosas, son las cosas las que nos poseen, con tal intensidad, que sentimos su poder, y, somos sus esclavos miserables ;

toda posesión, es, una esclavitud.

Día llegará en que la Política será de los hombres honrados;

¿en qué se ocuparán entonces los pícaros?

su suerte no me preocupa;

tengo la certidumbre de que los pícaros no quedarán jamás sin ocupación;

siempre se dedicarán a salvar la Patria, gobernándola.

―――――

¿El Arte de Triunfar?

bah...

ese es un eufemismo;

el Arte de intrigar, ese es su nombre;

la victoria de los Zorros.

Desconfiad de un Juez, que frente a un acusado, hace ostentación de su talento ;

ese Hombre podrá ser un Sabio, no será nunca un Hombre Justo ;

la Justicia es Impasible.

La Soledad, tiene el atractivo irresistible de todas las grandes pasiones; es necesario vivir en ellas, sin embriagarse de ellas;

la Soledad es, un alimento y, un veneno ;

sólo los espíritus fuertes pueden vivir sin peligro en ella, porque sólo ellos pueden alimentarse de ella ;

la Soledad, es como una leona hirsuta : devora a aquellos que no la doman.

De todas las formas del Vicio, la más baja, es esa que se llama, la Virtud ;

ella, renunciando a enmascararse, se desnuda;

y, no queriendo ser la Hipocresía, se hace cínicamente : el Impudor.

———

Hay hombres, que aman los libros con una pasión de encuadernadores : esos son los bibliófilos ;

saben muy poco de los libros de Arte, pero aman mucho el Arte de los libros ;

son los prenderos de la Literatura.

Se dice, que en lo físico, cada uno tiene la edad de sus arterias;

y, yo creo que en lo intelectual, cada uno tiene la edad de sus Ideas;

leyendo ciertos jóvenes, tenazmente orientados hacia el clasicismo y, hacia todas las formas del pecorismo, se vé que han nacido viejos...

no hay que culparlos;

no se sabe qué pobrezas de sangre y, qué raquitismo mental los engendraron;

en cambio, leed a Ruskín, de sus sesenta y a sus setenta años;

leed a Hugo y a Carlyle, septuagenarios...

leed a Chateaubriand y a Voltaire, a los ochenta años...

la fuente de Jouvence, canta en ellos, como un surtidor inagotable, corriendo por un jardín en primavera...

eso les viene de su orientación pertinaz hacia la Aurora.

Un Escritor que tiene estilo propio, es, un *aprivoiseur* de las palabras;

de tal manera le son adictas, que al menor reclamo suyo, descienden de sus cielos vírgenes, estas águilas del Pensamiento, hechas a nutrirse en las cuencas de sus manos ;

eso, es, el Poder Verbal, en los encantadores de la Idea.

El viejo proverbio de que « la Vida es Sueño », para nadie es tanta Verdad, como para el Pensador ;

porque él, vive su Sueño, tan intensamente, que no logra salir nunca de él, y cuando se escapa de sus brazos no es sino para caer en los del Sueño eterno ..

y, acostado en la tumba, no hace sino cambiar de sueño...

o, acaso... continuarlo.

El verdadero Conquistador de mujeres, se distingue por el silencio en que envuelve sus conquistas;

es cauto y silencioso, como todo cazador;

y, esa es su fuerza;

¿le viene ese Silencio del deseo de no espantar la presa?

¿le viene del desprecio por la conquista en Sí?

yo, no creo que Tito, contara a sus cortesanos, el número de moscas, que se entretenía en cazar...

cada uno tiene su manera de envilecer sus ocios.

¿No habéis visto las grullas, los ánades, las garzas, todas esas aves que se crían cerca a las lagunas y los esteros, con cuánta tristeza miran el cielo remoto, levantando pertinazmente a él, sus cabezas perplejas, y, sus ojos pensativos?

están demasiado cerca del fango, y, sienten la nostalgia de las nubes;

tienen alas, pero, unas alas inútiles para los grandes vuelos;

eso, me hace pensar en ciertos poetas... que tienen una ternura de gansos;

y, una armonía de gansos, también...

———

Lo poco que somos, lo poco que valemos en la Vida, se lo debemos al Dolor;

si alguna revelación nos ha sido hecha, si al-

guna superioridad nos ha sido dada, es al Dolor
que lo debemos;

y, si un día, nos libertamos de la Vida, es el
Dolor, el que nos liberta;

todo Dolor es una conquista;

y, no entramos en posesión de nosotros mis-
mos, sino porque el Dolor, nos revela nuestra
propia alma : aquel Abismo donde él es Sohe-
rano.

Sólo hay una cosa que neutralice y, aun des-
truya nuestro Dolor, y, es la Tiranía, de ese
Amo de los últimos días, que llamamos nuestro
Desprecio; -

pero, ¿es que salimos de la Tiranía, porque
cambiamos de Tirano?

Hay una gran locura en no amar la Vida a los veinte años;

pero hay aun una más triste locura, en amarla a los cincuenta...

¿qué encanto nos guarda ya ese cadáver sobre cuyas carnes jóvenes y vivas paseamos un día nuestras manos y, nuestros labios, y, no tiene ya secretos.para nosotros ?

——————

La palabra de Criton a Sócrates, en la cárcel, es la que el Honor, murmura todos los días al oído del Hombre, a quien un grande y, mudo Dolor, devora : *Huye... Huye...*

huir del Dolor, huir de la Vida... libertarse...

¿ por cuál vileza mecánica del Ánimo, nos obstinamos en quedar en la .Vida, cuasi insensibles a ella, como el Filósofo en la guerra de

Potidea, viendo inmóvil combatir los soldados
jonios, hasta ver alzarse el Sol, sobre los hori-
zontes de la Victoria?

¿cuál Victoria?

la de la Muerte...

y, ¿vale la pena de esperarla, teniéndola en
nuestras manos?

———

¿Queréis ver un concepto delicado del mundo?
leed esa teoría budista que hace aparecer
nuestro mundo, como un átomo invisible, sobre
una flor de loto, cuyas raíces, se hunden en un
mar, que es parte de otro Universo, el cual a
su vez, reposa sobre otra flor de loto, que se
hunde en otro mar... y, así hasta lo Infinito...

y, lo bello de esta doctrina y, acaso su Ver-
dad, es, que para un budista, la flor del loto,
es, el Símbolo de la Nada.

La Amistad, debe tener el oído tardo, porque nadie conservaría un amigo, si oyese lo que en ocasiones habla de él...

más feliz es el que como yo, no tiene sino enemigos ;

ese no tiene necesidad de oídos tardos, porque antes de oirlo ya sabe lo que sus enemigos dicen de él...

y, antes de oirlo, ya lo ha olvidado, si es que no se digna castigarlo...

———

¡Qué bellos son, el Cielo, el Mar, los árboles, las flores !...

si no existiera el Hombre, ¡qué bella sería la Vida !...

Amar las almas y, las cosas mediocres, es el Secreto del Triunfo...

eso lo saben los Hombres Superiores, y, por eso desprecian por igual, el Triunfo y, el Secreto.

Es una gran satisfacción, saber que piensan mal de nosotros, aquellos que despreciamos.

Si queréis que una mujer, no os crea lo que le decís, tratad de ser sinceros;

no la convenceréis jamás...

ella tiene necesidad de ser engañada...

la Mujer odia la Sinceridad porque la priva del Engaño, que es su naturaleza...

y, no perdona a aquel que priva a sus labios del placer de decir una Mentira, o a sus oídos, la voluptuosidad, aun más dulce de escucharla.

————

Tal vez la más bella de las embriagueces es la de nuestra propia Elocuencia...

¡tan bella y tan efímera!...

basta un instante de silencio, para desvanecer esa embriaguez ..

después que hemos callado, ¿qué queda de aquel himno de nubes bajo el sol?...

————

Llevar un corazón a remolque de nuestro corazón, es una gran tristeza, que nos hace odiar el Amor ;

pero, llevar un corazón a remolque de nues-
tro Sexo, es una gran vergüenza, que nos hace
despreciar el Amor;

————

El empeño tan cómico de Kant, de fundar una
Moral Científica, no es comparable, sino al em-
peño cándido de Renan de fundar una Ciencia
Moral...

¡ delicioso ! ¡ delicioso !

————

La Vanidad se puede herir fácilmente, y, no
se puede matar jamás...

por eso es tan peligroso herir la Vanidad.

————

Las pasiones sentimentales, se olvidan más fácilmente que las pasiones sensuales;

porque el corazón fatigado entra fácilmente en la calma, mientras que la sexualidad despierta, no hace sino cambiar de inquietud;

y, nuestro Deseo, no sabe matar una Pasión, sino para entrar de. nuevo en el torbellino de otro Amor.

———————

Las mujeres, tienen tal amor por los afeites y por los adornos, que en toda nueva pasión que sienten, no hallan sino un nuevo afeite, que las disfraza, y, en toda nueva pasión que inspiran, un nuevo adorno, que las embellece...

por eso llega una hora en que sienten la necesidad de cambiar, el Afeite y el Adorno...

· y, entonces disfrazan con el afeite de un nuevo amor su corazón, y, arrojan lejos el adorno de aquel otro corazón que las amaba...

a veces, ese adorno se les enreda al cuello, como una serpiente y, las estrangula...

pero desgraciadamente eso, es muy raro.

———

· ¿ Por qué es absolutamente imposible la Amistad entre dos mujeres?

porque ambas saben la absoluta imposibilidad de engañarse; y, renuncian a ello;

en eso, son más inteligentes y, más delicadas que los hombres;

sin duda porque son, menos groseras en sus sensaciones.

¿Por qué será que los mediocres, no se con-
forman con negar su admiración al Genio; sino
que se encarnizan en odiarlo?

¡ah! porque si no existieran los genios, los
mediocres serían mirados como tales;

y, su odio, es una desesperación de bastar-
dos que no pueden reinar.

.　———————

En revivir las sensaciones de un amor pa-
sado, hay una voluptuosidad, más viva y más
exquisita, que en haberlas gozado...

pero, es triste, esa voluptuosidad, como los
besos dados sobre los labios inertes de un ca-
dáver, que ya no hablan, que ya no besan,
pero, que son más queridos, ¡ay! porque ya no
mienten...

Hay mujeres, que hacen mal en revelársenos espiritualmente, porque nos inspiran tal Admiración, que sentimos ya repugnancia en amarlas de otra manera.

———————

Desconfiad de la Piedad de las gentes inferiores, ese gesto es en ellas, una tendencia ultrajante a la Igualdad ;

creen que es llegado el caso de ser vuestros iguales, porque os ven sufrir como ellos ;

la odiosa Fraternidad, asoma allí su hocico repugnante, para lamer el rostro ensangrentado de Abel...

apartad esas manos misericordiosas, que son simplemente irrespetuosas ;

dejarse consolar por ellas, es dejarse profanar por ellas ;

si no podéis cortarlas, no las estrechéis al menos...

no hay otra Igualdad, que aquella que se concede...

———

La sed de interrogarnos mata en nosotros toda Poesía;

¿por qué empeñarnos en no dejar nada oculto en nosotros?

es necesario que algo misterioso quede en nuestro corazón, para que quede en él, algo bello, que podamos amar;

toda cosa revelada, es una cosa muerta.

———

La Idea, de Dios, no muere en nosotros, sino a medida que nuestra alma, se hace más hon-

rada, y, renuncia a engañarse voluntariamente ;
no es el Desprecio, es más bien una especie
de Respeto, lo que mata a Dios, en el corazón
de un Hombre Honrado. ·

El espíritu de ciertos filósofos, recuerda la lo-
cura de Diógenes ;
ellos también agitan en pleno día una lin-
terna ;
¿buscan como el cínico un Hombre ?
no ;
buscan algo más bajo...
buscan un dios...
¿para matarlo ?
no ;
para adorarlo...
¡qué innoble sed de Esclavitud!...

PARÍS. — IMPRENTA DE LA Vda DE CH. BOURET.

Lightning Source UK Ltd.
Milton Keynes UK
UKHW02f0303180818
327398UK00011B/524/P